사람 냄새

사람 냄새

초판 1쇄 발행 2025년 7월 5일

지은이 | 전종문
만든이 | 이한나
펴낸이 | 이영규
펴낸곳 | 도서출판 그린아이

등록 연월일 | 2003. 12. 02.
등록 번호 | 제2-3893호
주소 | 서울특별시 은평구 녹번로 6-11, 201호
전화 | 02)355-3035 팩스 | 031)965-4679
이메일 | gmh2269@hanmail.net

ⓒ전종문, 2025

책값은 뒤표지에 있습니다.
잘못 만들어진 책은 바꾸어 드립니다.
무단 전재 및 복제를 금합니다.

ISBN 979-11-91376-51-7(03810)

사람 냄새

전종문 수필집

그린아이

작가의 말

현존하는 것들은 모두 나름의 존재 의미가 있겠지만 아직도 그 의미를 파악하기가 어려운 것도 있다. 하물며 세월이 흐르고 환경이 바뀌면서 그 의미가 사라지거나 잊혀진 것도 있고 더러는 묻히거나 퇴색하거나 변질된 것도 있을 수 있다.
그중에는 그냥 방관하거나 방치하기에는 아까운 것들과 아쉬운 정신도 있다. 그런 의미들을 되찾아 음미해 보려는 생각이나 노력은 전혀 무의미한 것일까.

나는 어떤 이유로든 의미조차 없는 듯한 그런 것들에서 의미를 찾아보는 것에 흥미를 갖는다. 그리고 그 방법으로는 문학, 그중에서도 수필문학이 적격이라고 생각한다.
수필은 문학의 여러 장르 중에서 비교적 자유로운 형태를 가지면서 주지하는 바와 같이 허구가 아니고 자기 고백적이기 때문에 독자와 친근감을 가지고 접근할 수 있다.

여기에 다양한 문체와 수사적 표현으로 형상화한다면 당연히 예술성과 문학성을 확보할 것이므로 무디어져 가고 건조해지는 정신세계에 안정된 정서라는 자극제를 주입할 수 있게 된다. 이 얼마나 큰 결실이 되겠는가.

　그래서 나는 수필을 좋아하고 수필 쓰기를 기뻐한다. 이번에 내놓는 작품들은 꽤 오랜 기간에 걸쳐 쓴 것을 모은 것으로 나름의 의미를 붙인 것이다. 모든 작가들의 염원이겠지만 나도 이 글의 감동이 독자의 가슴에 여운으로 남기를 기대한다.
　읽으시는 모든 분에게 감사를 드리고 평강을 빈다.

　이 책을 내는 데 도움을 주신 어은문서선교회와 도서출판 그린아이에 고마움을 표한다.

차례

작가의 말 … 4

제1부
귓바퀴의 수난시대

내복 … 12
사람 냄새 … 16
죽은 친구로부터의 전화 … 20
집 … 25
똥구멍 … 29
점점 밤 시간이 좋아지네 … 33
귓바퀴의 수난시대 … 36
나의 나 된 것은 … 40
바가지 … 43
여유 … 46
소리 … 50
잠 … 53
마스크 … 58

제2부

봄은 겨울을 거쳐서 온다

어린이 병동에서 … 64

봄은 겨울을 거쳐서 온다 … 67

불쑥 찾아든 가을 … 70

곱게 늙고 싶다 … 73

가을이 좋다 … 77

가족 … 80

이인삼각二人三脚 … 83

합의 … 86

어깨동무하고 갑시다 … 90

쉰여덟 살 … 95

통증 … 98

모기 … 102

할아버지 … 107

차 례

제3부 욕辱 불러내는 사회

언제 철들려고 … 112
내 책임은 없는가? … 115
개새끼! … 118
욕辱 불러내는 사회 … 122
대통령 안 한다 … 126
대통령감을 팝니다 … 129
저게 뉘 집 자식이냐? … 132
외롭지 않다 … 136
설마병 환자 … 139
바닥 … 142
장애인 인증서 … 144
바보와 신사 … 148

제4부

산에서 만나는 여인

써레 … 152
죽은 친구로부터 받은 축의금 … 155
사랑의 치과 … 159
책 정리 … 162
심술 … 165
이임사 … 168
고무래 … 171
계단 … 174
뻔뻔해졌다 … 178
산에서 만나는 여인 … 181
밤과 낮의 조화 … 185
떨어짐의 미학美學 … 188
어머니, 제가 급해요 … 192

차 례

제5부

새 집에 들어와서

오늘은 좋은 날 … 196
단비 … 199
새 집에 들어와서 … 201
가난한 시절을 겪었다는 경험 … 204
맛 이야기 … 208
구멍 … 212
걸레와 행주 … 216
널뛰기 … 220
남도 여행 … 223
수자秀子 … 226
여동생이 떠나던 날 … 229
수유리水踰里 … 233

제1부

귓바퀴의 수난시대

내복

내복을 벗을 때가 되었다. 차가운 기운이 아직 다 가시진 않았어도 불어오는 바람 안에 은근히 온기가 숨어 있다. 봄이 왔다. 그러면 당연히 내복을 벗고 가볍게 살아야 한다. 그런데 망설여진다. 흔히 말하는 꽃샘추위가 아직 남아 있을지 몰라서가 아니다. 추위가 지나갔다고 내가 널 언제 보았느냐는 식으로 벗어 던지기가 싫어서이다. 아쉬울 때는 너 없으면 어떻게 살겠느냐며 정을 주다가 아쉬움이 없어지면 곧바로 헌신짝 버리듯 잊어버리는 정신이 싫어서이다. 잠시겠지만 정든 것 하나를 또 버리는 아쉬움이나 미련, 아니면 허전함 같은 마음이 싫다. 한번 정을 붙이면 떨쳐내기가 어려운 내 성품 때문인 것 같다. 그러고 보면 내복처럼 내 마음에 썩 드는 것도 그리 많지 않다. 입는 순간 연인처럼 몸에 살갑게 착 달라붙어준다. 그리고 몸에 온기를 제공한다. 살갑고 따뜻하다는 것은 얼마나 좋은 일인가. 차갑고 냉정하면 정나미부터 떨어진다.

나는 언제부터인가, 누구로부터 처음 들었는지도 모르는 상식 하나를 신봉하고 있다. 그 상식이 옳은 것인지는 잘 모르겠지만 사람의 몸이 따뜻하면 질병의 침투를 많이 막아낼 수 있다는 것이다. 그래서 사시사철

밤에는 따뜻하게 온도를 높여 땀을 내면서 잔다. 한여름에도 샤워나 목욕을 할 때는 반드시 더운물로 하고 음식이나 물도 가급적이면 덥혀서 먹고 마신다. 날씨가 차가워지면 기관지가 약한 나는 목도리부터 한다. 그걸 두르지 않으면 왠지 목 둘레가 허전하다. 이런 내가 내복 입는 것을 게을리하겠는가. 찬바람이 불기 시작하면 내복부터 서둘러 챙겨 입는다. 그래서 그런지 나와 악수를 하면서 손이 따뜻하다고 하는 사람이 더러 있다. 그러면 나는, "본래 나는 따뜻한 사람입니다." 하고 너스레를 떨기도 한다.

 사람이 옷을 입어야 함은 당연하다. 예절을 갖추기 위해서도 입어야 하고, 몸을 보호하기 위해서도 입어야 하고, 추위에 떨지 않으려고도 입어야 한다. 신분을 나타내는 제복으로도 입고 작업복으로도 입는다. 그러나 지금은 그런 정도가 아니다. 얼마나 멋이 있느냐가 더 중요하다. 옷을 구입할 때 고려하는 것이 실용성보다 얼마나 우아하고 아름다운가에 비중을 많이 둔다. 그래서 색상과 디자인의 고려는 무슨 조건보다 우선한다. 그뿐인가, 어떤 옷을 입으면 작은 키도 조금 크게 보일 수 있으며 어떻게 하면 비대한 몸매를 조금 날씬하게 보이도록 할 수 있을까, 다시 말하면 겉옷을 구할 때는 자신의 모습을 조금이라도 돋보이게 하기 위한 수단을 더 생각한다.

 그러나 내복을 고르는 데는 비교적 자유스럽다. 어떤 천으로 만들었는가에 대한 차이는 따져야 하겠지만 대체로 겉옷을 구할 때와는 다르다. 조금 크거나 작아서 몸에 맞지 않는다면 몰라도 디자인에 대해서 생각할 필요가 거의 없다. 더구나 색상이 어떤가, 하는 정도는 무시해도 된다. 만약 그런 것까지 따져서 내복을 구하는 사람이 있다면 그는 아마 상대하기가 까다로운 사람일 것이다.

나는 내복의 그런 점이 좋다. 억지로 꾸밀 필요가 없다. 입어서 따뜻하게 해주면 된다. 결혼식에 갈 때는 다르게 입고 장례식에 가면서 바꾸어 입을 필요가 없다. 장례식에 가면서 붉은색 내복을 입은들 누가 알랴. 알 필요도 없고 안다고 한들 탓할 사람도 없다.

내가 어렸을 적에 어머니로부터 들은 어느 가난한 집안의 며느리 얘기다. 시아버님은 이제 노쇠하셔서 외출도 못하고 집 안에만 계셨다. 그러나 남편은 하급 관리로 녹을 먹으며 바깥출입을 했다. 그런데 마을 사람들이 볼 때 이 며느리가 매우 불효를 하고 있었다. 자기 남편은 항상 좋은 옷을 입혀 말끔하게 보이도록 하는 데 반하여 시아버지는 겨우 누더기를 면한 옷을 입혀 드렸다. 남의 말하기 좋아하는 이웃들이 저런 못된 며느리가 어디 있느냐고 쑥덕거리다가 드디어 불효 며느리는 곤장이라도 쳐야 한다고 여론몰이를 하였다. 사람들이 모여들었다. 그들은 남편은 잘 차려 입히고 시아버지를 이렇게 홀대해서 되느냐고 목청을 돋우었다. 한참을 이렇게 당한 여인은 마지못해 조용히 말했다. "겉옷을 벗겨보십시오." 사람들이 달려들어 여인의 시아버지와 남편의 겉옷을 벗겼다. 그런데 이게 어찌된 일인가! 겉옷이 말끔한 제 남편의 내복은 겨우 누더기를 면한 것이었다. 오래되어 낡은 데를 기운 흔적이 많았다. 그러나 누더기 겉옷을 입고 계시던 시아버지의 내복은 깔끔하고 흠집이 없는 새 것이었다. 시아버님과 남편에게 똑같이 좋은 옷을 해 입힐 수 없었던 처지에서 여인은 외출을 하지 못하는 시아버지에게는 낡은 겉옷에 말끔한 내복을 입혀드렸고 외출이 잦은 남편에게는 낡은 내복에 깔끔한 겉옷을 입혔던 것이다.

사람들은 외모만 보고 판단하기를 좋아한다. 우선은 내면을 보기 어렵기 때문일 것이다. 겉치장이란 본래 예절이나 체면이란 게 있어서 중요시했던 것인데 어느 사이 사람들은 그것을 자기를 돋보이려는 데 이용하고 있다. 세상 풍조에 편승한 결과일 것이다. 그러면서 중심이나 내용이 얄팍하고 빈약한 사람이 얼마나 많은가. 오죽했으면 예수께서 외식하는 사람들을 향하여 회칠한 무덤이라고 책망하셨을까.

나는 내용이 중요하기 때문에 외모는 아무렇게나 해도 된다고 주장하지 않는다. 내용도 풍성하고 외모도 아름답게 가꾼다면 얼마나 좋은가. 그러나 어떻게 하면 남들에게 잘 보일까, 어떻게 하면 외모가 더 멋있을까를 생각하면서 흐트러진 제 마음가짐을 바로잡으려 하는 데는 인색하고 게으른 정신은 싫다. 차라리 겉치레보다 꾸밈도 없고 변함도 없이 언제나 내 몸을 따뜻하게 하고자 하는 중심의 내복이 더 좋다. 자기 내면은 가꾸지 못하고 더구나 자기의 사명이나 구실을 잃어버린 사람의 외적 사치나 위선을 보면 안타깝다. 봄이 왔으니 내복을 벗긴 벗어야겠는데 내복이 주는 정신은 벗고 싶지 않다.

사람 냄새

　사람에게서는 사람 냄새가 나야 한다. 은근하고 구수한 냄새라면 좋다. 나는 수더분한 사람들의 진실한 삶과 간혹 그들이 저지르는 실수에서 나는 냄새가 좋다. 누가 실수를 원하랴. 그러나 실수를 하지 않기 위해서 조금의 틈도 보이지 않으려 억지를 쓰는 사람을 만나면 "저 사람이 기계인가." 하는 생각이 든다. 도무지 따뜻한 피가 흐르는 자연스러운 사람 냄새가 나지 않는다. 실수를 일부러 할 필요는 없지만 너무 완벽하려 들면 인간적인 정情은 떨어진다. 실수를 하지 말자. 그러나 그럼에도 실수를 하고 말았을 때는 미안한 생각을 갖자. 그런 게 사람 냄새다. 실수를 하고도 아무렇지 않게 생각하고 처신하는 사람이 있다면 그는 파렴치한일 뿐이다. 그런 사람에게서는 역겨운 냄새가 난다.

　남의 실수를 보고 어떻게 대응하느냐에 따라서도 냄새가 다르다. 실수를 범하고 미안해서 어쩔 줄 몰라하는 사람에게 오히려 위로하고 격려까지 해주는 사람은 사람 냄새를 내는 사람이다. 그러나 원칙을 들이대고 경직된 잣대만 내밀며 호통이나 치는 사람에게서는 찬바람이 난다. 가까이하기가 두렵다. 희생을 손해로만 여기고 남을 이용해서라도 이득만 얻고자 하는 약삭빠른 사람, 자기 뜻을 관철하기 위해서 남의 생각을 깡그리 무시하려 드는 사람, 자기 앞에 큰 감을 놓으려고만 하는 이기주의자들에게서는 이리의 누린내가 난다.

요즈음 가끔씩 일어나는 살인사건이나 치정사건들을 보면 시체 썩는 냄새가 진동한다. 보험금을 타먹기 위해서 자기 가족을 위장 살해하는 경우, 순간적인 욕정을 절제하지 못하여 연약한 사람에게 흉기를 들이대며 위협하고 추행을 하는 사람들, 별의별 해괴한 방법을 동원하여 이웃을 해롭게 함으로써 우리 사회에 공분을 주고 슬픔과 아픔을 자아내게 하는 사람들은 도대체 무엇을 먹고, 무엇을 생각하며 사는 사람들일까. 같은 하늘 아래 살면서 같은 공기를 마신다는 사실이 서글프다.

모름지기 사람은 향기를 낼 줄 알아야 한다. 교양이 있으면 사람 냄새가 난다. 인격이 갖추어진 사람에게서는 그윽한 향기가 난다. 순수한 사람에게서는 솔잎차 냄새가 나고 부드러운 사람에게서는 막 가방을 메고 집을 나서는 소녀의 출렁이는 머리에서나 남직한 풋풋한 냄새가 난다.

지난 어느 가을, 내가 딸처럼 여기는 사람과 함께 감잎차를 마신 일이 있었다. 막 해가 떨어질 무렵이었다. 자기 일에 바쁜 사람이 무슨 바람이 불었는지 차 한잔 대접하겠다고 나를 불러냈다. 숲을 거쳐 오는 산뜻한 바람을 맞으며 마주 앉아 차를 마셨다. 어른들도 가끔씩 분위기 있는 곳에서 쉴 수 있어야 한다면서 일부러 시간을 내준 그녀 앞에서 나는 누적된 피곤을 풀 수 있었다. 쉬고 싶다는 내 마음을 어떻게 간파했을까. 사리를 분별하며 남을 배려할 줄 아는 친절 앞에서 우리는 누구나 진정한 사람 냄새를 맡을 수 있는 것이다. 싱싱한 냄새다.

자신의 행위에 대해서는 관대하면서도 남의 행위에 대해서는 엄격한 사람에게서는 어떤 냄새가 나는가. 구역질이 난다. 그러나 오히려 자기 자신에 대해서는 엄격하면서 다른 사람에 대해서는 관대한 사람에게서는 사람 냄새가 난다. 모르는 것을 모른다고 하는 솔직한 사람에게서 사람 냄새가 난다. 그러나 모르면서도 아는 체하거나 아는 체하기 위하여 장광설을 펴는 사람에게서는 쉰내가 난다. 실제로 많은 지식을 가지고 있을지라도 너무 많이 아는 척을 하면 역겹기는 마찬가지다. 많이 알아도, 많이 가졌어도 그렇지 않은 사람 앞에서 티를 내지 않으려 애쓰는 사람, 자기의 지식이나 재물을 사용하면서도 조심스러워하는 사람은 얼마나 겸손한가. 손해를 입었어도 허탈하게 한번 웃고 빨리 잊어버리는 사람이 있다면 존경을 받아야 마땅하다. 남들에게 조금 어리숙하게 보일지 모르지만 예절을 깍듯이 지킬 줄 알고, 작은 친절이라도 남으로부터 받으면 고마워서 어쩔 줄 몰라하는 사람에게서 사람 냄새를 맡을 수 있다.

열악한 환경을 이기고 신체의 장애를 극복하면서 열심히 살아가는 사람들의 모습은 얼마나 상큼한가. 그러나 결코 가난하지 않을 뿐 아니라 남들이 부러워하는 권세도 가진 고위 공직자들이 탐욕을 부리다가 넘어져서 망신을 당하는 것을 보면 짜증이 난다. 부끄러워 내 얼굴이 화끈거린다. 그러므로 끝까지 타락하지 않고 제 길을 흐트러짐 없이 걸어가는 사람은 향기를 내는 사람이다. 그럼에도 우리가 항상 조심해야 하는 것은 향수가 썩으면 더 지독한 악취를 내기 때문이다.

우리는 거룩한 신神도 아니고 그렇다고 본능으로만 사는 짐승도 아니다. 사람으로 태어났다. 당연히 사람 냄새를 내면서 사는 것이 옳다. 신처럼 살 수도 없지만, 신처럼 살 필요도 없다. 짐승처럼 살아서도 안 된다. 이 땅에 존재하는 동안 땀 흘리며 사는 것이다. 부대끼며 사는 것이다. 어려운 일과 맞닥뜨려졌을 때 두려워하기보다는 극복하려 드는 것이다. 그렇게 힘이 드는 삶이라 할지라도 삶 자체를 소중히 여기고 만족과 감사를 느끼며 사는 사람의 몸에서는 땀 냄새가 나지만, 그 인격에서는 향기가 난다. 그 향기가 진정한 사람 냄새다.

죽은 친구로부터의 전화

전화가 왔다는 신호가 있어 열어 보니 친구 이름이 떠올라 있다. 묘했다. 이미 유명을 달리한 친구의 이름이다. 잘못 걸린 전화인가 해서 곧바로 받지 못하고 잠시 기다렸다가 전화를 받으니 "놀라셨죠?" 하는 여성의 음성이 들려왔다.

죽은 친구의 부인이다. 남편이 세상을 떠나고 나서도 그 전화번호를 그대로 두기로 했다고 한다. 사람은 떠났지만 그의 체취가 다 사라지는 것 같아서라고 했다. 하기야 나도 내 전화 명단에서 그 이름을 아직도 지우지 않았으니까. 내가 "천국에서 온 전화인 줄 알았어요." 하고 말하니까 그녀가 웃고 나도 따라서 웃었다. 내가 그 친구와 가까이 지내면서 그 사모님하고도 적당히 농담도 할 정도로 지냈다.

친구가 떠난 지도 이제 몇 해가 지났다. 조금 늦었다 하는 나이에 신학을 공부하는 자리에서 그를 만났는데 그는 세상만사를 다 겪은 사람 같았고 나는 내가 생각해도 세상살이에 서툰 숙맥이었다. 그래도 자주 만나다 보니 가까워졌고 사귀다 보니 그는 진실하고 예절 바른 진국이었다.

졸업 후에도 계속 각자의 목장에서 교류하면서 지냈다. 서로 정보도 교환했다. 우리는 모르는 것이 있어도 서로 부끄러움을 느끼지 않을 만하였기에 약간의 곤란한 사안도 스스럼없이 묻고 대답하면서 지냈다. 그가 내게 자상하였고 매사에 신실했기에 나도 그에게 거의 흉허물 없이 대해도 되었다. 속된 표현을 쓴다면 우리는 다른 친구들로부터 조금은 질투를 느낄 만큼 쿵짝이 맞았다. 하다못해 심심할 때 정치권 이야기를 해도 거의 이견이 없었다. 못마땅한 사안을 같이 못마땅해했고 박수 칠 사안은 같이 호응하며 좋아라 했다.

그가 처음 폐암 3기로 입원했을 적에 나는 가슴이 철렁했다. 그러나 그는 2,3년 투병 끝에 다행히 완치 판정을 받게 되었고 이후 10여 년을 너끈히 건강하게 살았다. 그때 그는 같은 병실에서 투병하던 사람 중에 자기만 살아남았다고 자랑 비슷하게 말하기도 했다. 나이 70을 넘기면 병 고쳐달라는 기도는 안 하는 게 좋겠다는 말도 했다. 예전 같았으면 이미 세상 떠났을 나이인데 조금 더 살겠다고 발버둥치는 것이 추해 보인다는 것이었다.

하긴 그랬다. 안 죽는 사람 있는가. 다른 데도 아니고 준비된 하늘나라 가는데 구태여 살려달라고 기도까지 할 필요가 없을 것 같다. 생명을 주관하시는 분이 어련히 알아서 부르실까. 적당할 때에 부르실 것이다. 그런데 어디 그런가. 늙으면 쇠약해지고 온몸의 기능이 떨어져 여기저기서 신호를 보내는데 체신도 없게 이것 고쳐주세요, 저것 고쳐주세요 하면서 보챈다. 참 허약한 인생이다. 그러더니 친구는 70 초반에 폐암이 재발되어 떠났다.

나는 친구를 대리한 사모님과 그동안 어떻게 지내셨는가, 건강하신 가를 서로 묻고 전화를 끊었다. 사모님은 그냥 생각나서 전화했었노라고 했다. 예전에 제 어머니께서 말씀하시기를 돌아가신 어머니가 보고 싶거든 이모姨母를 찾아뵈라 하시더니 사모님은 남편이 그리워서 남편의 친구였던 나를 찾았는가.

부부가 같이 살면서 때론 아옹다옹할 때도 있지만 그래도 살아 있는 게 낫지 죽으면 허전할 게 뻔하다. 결혼하여 같이 살다가 한 편이 먼저 떠나면 산 편이 죽은 편을 향하여 불쌍하다는 생각을 갖기 쉽다. 그러나 숙고해 보면 그게 아니다. 불쌍하다면 남아 있는 편이 더하다. 세상 떠나지 않을 사람이 어디 있는가. 조금 일찍 떠나느냐, 조금 더 머물다 가느냐 하는 차이다. 머물고 있는 사람이 낙엽만 봐도 서글퍼지고 벌레 울음소리만 들어도 울적해지면서 그리움에 잠을 못 이룬다면 그것도 떠난 사람이 남겨놓고 간 형벌이다.

친구와 대화가 끊어진 지 벌써 여러 해 지났다. 오도가도 못하는 거리고 소식조차 서로 전하지 못하는 형편이 되었다. 그의 장례식날, 나는 그의 고향 당진의 선산에서 하관예식을 마치고 그 친구가 살던 옛집을 지나서 돌아왔다. 여러 형제가 부모 모시고 살던 집이었지만 부모님을 먼저 떠나보낸 이후 모두가 대처로 이사를 하고 빈집으로 남아 있었다. 사람이 살지 않으면 쉬 허술해지는 빈집. 가을철이라 담 안에 감나무 한 그루가 을씨년스럽게 노쇠한 파수꾼으로 서 있었다. 잎새는 벌써 불그죽죽하게 몇 개만 붙어 있었고 어디서 툭! 하며 밤톨 떨어지는 소리가 들렸다. 나는 그때 이렇게 썼었다.

옛집

친구가 세상을 떠났기에
화장을 해서
당진 선영으로 갔네
미리 파 놓은 땅에
유골함 넣고
흰 국화꽃 뿌리고
취토하니까 끝이네

산을 내려오면서
예전에 친구가 살았다던 집을 찾았네
친구보다 먼저 시든 집
살지 않으면 오래 못 견딘다더니
주인 잃고 폭삭 주저앉아 있네
우거진 시누대 숲에
숨었는가, 감추어졌는가
흔적이라도 남았으니
방안에 가족사진이라도 한 장 붙어 있을까
대문마저 무너져 들어설 수 없고
잡초 우거진 마당에 덩그러니 감나무 한 그루
뭘 지키겠다고
파수꾼처럼 서 있네
고향집도 무너지고

땅 위의 장막집 무너졌으니
영원한 하늘의 집밖에 없었으리(고후 5:1)

시리게 하늘은 푸른데
문득 적막을 깨고
툭!
밤송이 하나가 발밑으로 떨어지네
친구여, 이 세상엔 쉴 곳이 마땅치 않아
육신 여기에 내려놓았으니
거기서 편히 쉬게나

편히 쉬게. 이곳은 오래 살아도 편히 쉴 곳은 못 된다는 걸 자네도 알지 않는가. 자네가 떠나기 전까지 충실한 비서 역할을 했던 사모님의 전화를 자네가 보낸 전화로 알고 받았네. 자네를 본 듯 반가웠네. 자네 소식을 모르더군. 그렇다고 우리가 모를 리 있겠나. 자네가 지금 살고 있는 그 영원한 안식의 처소를.

집

　해가 지고 가로등이 켜지는 어스름길을 걸어서 집으로 들어가는 시간이 좋다. 현직에서 은퇴하고 나니 무엇보다 자유스런 시간이 주어진 것도 좋다. 서두를 일이 별로 없다.

　해질녘을 즐기려면 적당한 시간에 집을 나와야 한다. 내 집이 강북에 있어 조금만 걸으면 4.19국립묘원을 거쳐 삼각산에 들 수 있다. 아직은 기력이 있어 잘 조성되어 있는 둘레길을 걸어 솔밭공원으로 내려올 수 있다. 그 정도라면 체력에 무리가 가지 않는 적당한 운동거리가 된다.

　공원 벤치에 나를 내려놓고 잠시 쉬고 있노라면 어둠이 내려앉으면서 공원 내를 밝히는 불이 켜진다. 그래도 이 시간이 좋아서 나는 소나무가 내려주는 시원한 향기에 조금 더 나를 맡겨둔다. 이런저런 생각들이 떠오르는 시간이다. 세월이 덧없이 흘렀다. 그리운 것도 많고 안타까웠던 일도 생각나지만 언제나 적당한 선에서 접고 일어서야 한다. 산책을 위하여 집을 나와 다시 집으로 들어가는 시간이 넉넉잡아 두세 시간 정도인데 그 시간이 그렇게 잠잠히 내게 기쁨을 주는 것이다. 어두워지면서 내가 들어가 쉴 집이 있다는 게 그렇게 좋을 수가 없다.

서울에 올라와 이사도 참 많이 했다. 손수레에 이삿짐을 싣고 가면서 서럽다는 생각도 했다. 마침 비라도 내려 볼품없는 짐과 함께 비를 맞노라면 부끄럽기도 하고 처량하기도 했다. 그럴 때 생각나는 것은 정말이지 내 이름의 문패를 단 집 한 채만 있다면 부러울 것이 없을 것 같았다. 법적으로는 전세를 살든 사글세를 살든 짐 풀어놓고 살면 내 마음대로 자유롭게 살 수 있는 내 안식처인데 왜 그리 집주인의 눈치를 봐야 했는지 모르겠다. 언제 나가라 할는지, 혹시 집세를 올려달라고 할지 몰라 전전긍긍하며 살아야 했다.

그런 상황에서 자식 낳고 기르며 살았다. 어쩌면 바보처럼 살았다. 그런데 내 집의 꿈을 이루고 나니 내 인생도 황혼을 향하여 가고 있다. 요즈음에 집값이 오르니 내리니 하는 것이 세간에 큰 관심거리지만 내 경우는 제발 집값이 오르지 않았으면 좋겠다. 이걸 팔아서 이익을 남길 재주도 나는 없고 그냥 이 집에서 살다가 떠났으면 하는 생각이다. 이 땅에서 이사는 할 만큼 했것다, 더 이상 힘들지 않는 게 소원이다. 더구나 집값이 오르면 고정 수입이 막힌 나 같은 경우는 세금만 따라 오르니 소득 없는 힘만 더 든다. 진부한 얘기지만 집이란 나그네가 잠시 머물다 가는 곳 아닌가.

그래도 이 땅에 사는 동안 마음을 정돈하고 살 만한 거처는 있어야 한다. 집 없는 사람의 서러움을 누구는 모르랴만 나도 뼈저리게 겪었다. 산에 올라 내려다보이는 많은 집들 중에 내가 들어가 누울 곳이 없다는 것은 얼마나 슬픈 일인가. 그러므로 나는 어두워질 무렵에 들어갈 집이 있다는 사실이 눈물겹도록 감사하다. 호화찬란한 집이 아니어도 좋다.

집에 들어가면 평안한 가정이 대기하고 있어 좋다. 나의 경우 외아들을 결혼시켜 내보내고 나니 빈 둥지가 됐다. 집사람이 차려주는 저녁을 먹고 나면 할 말이 별로 없다. 다행히 밥맛은 좋다. 그렇다고 이야깃거리가 아주 없는 것은 아니다. 따로 사는 자식 걱정도 매일의 메뉴다. 하기야 살면서 그런 걱정조차 없다면 인생에 무슨 재미가 있을까. 세상이 많이 변해서 옛날과는 천양지판이 되었기에 형제가 많았던 대가족 시절이 그립기도 하다. 가족을 굶기지 않으려고 피땀 흘린 아버지와 아끼고 아끼며 없으면 아낄 것도 없는 법이라며 절약을 실천하시던 어머니 덕에 우리는 비록 곧 주저앉을 것 같은 초가집에 살아도 배고프게 살지는 않았다. 저녁때가 되면 굴뚝에 연기가 어김없이 피어올랐고, 조금 있으면 철모르고 뛰어노는 우리의 이름을 부르시는 어머니 목소리를 들을 수 있었다. 밤이 오면 우리 오 남매가 부모님과 함께 두 방에 나뉘어 잤다. 그 비좁은 공간에서 서로 어머니를 차지하려고 장난치고 심지어 싸우기도 하며 살던 때가 있었다. 지금 생각하면 그게 사람 사는 맛이었다.

그러더니 자식들이 장성하며 변화가 일어났다. 내가 고등학교를 다닐 때는 위로 두 형이 대처로 유학을 가서 방학 때나 볼 수 있었다. 형들이 결혼하여 직장을 따라 떠날 때 갑자기 내가 장남이 된 듯했는데 그 세월도 잠시였다. 나도 서울로 올라오고 아래로 두 동생도 결혼하니 시골집에는 아버지와 어머니만 남았다. 아, 그것이 빈 둥지였다는 것을 나는 체득하고 눈물을 흘려야 했다. 어쩌다 휴가차 집에 가면 너희는 너희 일을 해야 한다며 쫓아내듯 우리를 보내시던 아버지와 처마 밑에서 떠나는 우리가 보이지 않을 때까지 서 계시던 어머니는 이제 슬픈 추억으로만 가슴에 남아 있다.

집은 내가 몸을 의탁하는 곳이다. 얼마를 내가 이곳에서 더 살려는지 모르지만 집과 관련해서 내가 또 하나 감사한 것은 내게 신앙을 주신 하나님 때문이다. 하나님은 내가 이 땅에 사는 동안에도 하늘나라의 소망을 주신다. 아내와 나는 생명을 주시는 날까지 이 집에서 살 것이다. 어떤 때는 나란히 누워 도란도란 이야기하다 보면 내 손을 잡은 아내의 손에 힘이 빠지는 듯한 느낌이 올 때가 있다. 그때는 슬그머니 아내가 잠들어 있는 것이다. 언젠가 그 손의 체온이 식어지면서 자연스럽게 놓게 된다면 우리는 헤어지게 될 것이다. 그때 우리는 어디로 가는가. 해가 저물면 내가 들어갈 집이 있다는 것이 감사하듯 내가 눈을 감고 세상을 떠날 때 내 아버지께서 마련해놓은 집이 있다는 것은 얼마나 감사한 일인가.

요즈음은 집이 조금 쓸쓸하다는 느낌이 들지만 혼자가 아니라 다행이란 생각을 하며 하루하루를 산다. 나는 영원한 소망의 집이 예비되어 있음을 믿기에 행복하고 지금은 하루를 마무리할 수 있는 주변의 공원과 아내와 함께 누울 수 있는 집이 있어 행복하다.

똥구멍

나는 내시경으로 대장을 검사받을 때마다 부끄럽다. 바지 내리고 남에게 항문을 보인다는 것이 여간 께름칙하지 않다. 변의 굵기가 줄어 실낱같이 나오면 검사를 받아 보아야 한다기에 혹시나 하는 약간의 불안감을 가지고 가까운 병원에 가서 검사를 받았다. 그런데 글쎄 암은 발병되지 않았지만 용종이 열 개가 넘게 있다는 게 아닌가. 의사는 그걸 모두 떼어냈다면서 앞으론 1,2년마다 꼭 검사를 받는 게 좋겠다고 권했다. 그래서 나는 거의 억지로 늦어도 3년을 넘기지 않고 대장 검사를 받는다. 이제는 이력이 생겨 검사받는다는 것 자체는 그런대로 넘어갈 수 있게 되었다. 그럼에도 바지 내리고 그 부분을 남에게 보이는 건 여전히 께름칙하다. 왜 그럴까. 반드시 필요한 몸의 한 기관인데 남에게 보이기가 얼굴에 붙어 있는 코나 입 하고는 다르다.

배설물인 똥이 냄새 나고 더럽기 때문에 그것을 배설하는 항문도 더러운 것인가. 그런 대접을 받는다면 항문으로서는 억울할 일이다. 먹지 않으면 똥을 배설할 필요도 없다. 입으로 맛있게 음식을 먹어놓고 배설 기관을 부끄러워한다면 잘못이다. 항문은 맡겨진 제 구실을 충실히 감당하고 있지 않은가. 평상시에는 물 샐 틈 없이 닫아두었다가 급하면 열어주고 일이 끝나면 또 자동적으로 닫아두는 일종의 자동개폐기다.

건강 체크는 여러 가지 방법으로 할 수 있겠지만 그중의 하나가 배설 상태를 관찰하는 일이다. 누가 뭐래도 변기에 앉아서 끙끙대는 건 건강치 않다는 증거다. 아침에 일어나 화장실에 들어가서 밤 동안 모여진 배설물을 시원하게 쏟아보자. 행복이 따로 있는가. 소화가 잘 되고, 신진대사가 잘 되었다는 뜻이다. 사람은 아침에 화장실에서부터 행복해야 온 하루가 행복하다. 사람이 안 먹고 살 수도 없지만 배설 않고 살 수도 없다. 그렇기에 입이 소중하다면 항문도 소중하다.

몸뿐 아니라 정신도 배설이 잘 돼야 건강하고 활력이 있다. 몸에 영양이 쌓이면 비만이 된다. 건강하려면 적게 먹든지, 운동을 하든지, 어떤 방법으로든 축적된 영양을 배출해야 한다. 나는 전문가가 아니기에 조심스럽게 말하거니와 많이 먹고 배출은 조금씩 하기 때문에 고혈압, 당뇨, 심장질환, 암 종류와 같은 성인병이 많이 생긴다고들 한다. 일하면서 또는 빈번한 사람 관계 속에서 생긴 스트레스도 모아놓기만 하면 정신건강에 해롭지 않는가. 오늘날엔 쌓인 스트레스를 제때에 풀어주지 못해서 신경성 질환이 많다고도 한다. 우울하다는 감정도 쌓이면 어디로 가겠는가. 우울증 환자가 될 수 있다는 개연성은 충분하다. 취미 활동을 하든지, 오락을 하든지, 그때그때 풀어주는 것이 배설이다. 많이 먹으면 배설량이 많은 것처럼, 많이 누리고, 많이 겪고, 많이 가지면 상대적으로 많이 배출해야 할 것이다.

건강한 사회를 위해서도 시원하게 배설하며 살아야 한다. 적당히 먹고,

먹은 만큼은 빼내고 살아야 하리라. 사실 내가 가진 만큼, 내가 누린 만큼, 내가 겪은 만큼 배설하고 적당히 빈 공간을 남겨둘 수 있다면 얼마나 좋을까. 많이 먹는 걸로 알려진 돼지도 위를 다 채우지는 않는다고 한다. 장수하는 학鶴은 언제나 위를 많이 비우고 산다는 말이 있다. 빽빽하게 전면에 가득 찬 그림보다 여백이 있는 그림이 답답하지 않다. 쌓아놓은 재물이 곳간에 계속 묵어 있으니까 유통이 안 된다. 받았으면 나누는 것이 소통이요, 배설의 기능 아닌가. 건강한 사회도, 행복한 삶도 거기에서 이루어진다.

나는 수채구가 막혀 설거지물이 쑥쑥 빠져나가지 못하는 것을 보면 마치 잘못된 음식을 먹고 체한 가슴만큼이나 답답하다. 그러나 장대비가 쏟아져도 하수구가 뻥 뚫려 좍좍 물이 빠져나가는 걸 보면 그렇게 상쾌할 수가 없다. 그렇게 배설이 잘 돼야 건강한 몸이요, 건강한 사회 아니겠는가. 사랑도 그렇게 흘려 보내야 한다. 우리 모두가 내가 받은 사랑을 귀하게 여기고 그 감사한 마음을 나도 누군가에게 되돌려 주고 나누어 줄 수만 있다면 얼마나 아름답고 시원한 세상이 될까.

다만 화난다고 입으로 배설하는 일은 조심해야 할 일이다. 사실 음식을 먹는 입이 깨끗한 것 같지만 더러 어떤 사람들을 보면 그렇지 않다. 욕설, 비난, 불평, 원망, 사기성 언술, 폭력적 언어 등이 똥보다 깨끗한가. 입으로 나오는 배설물은 처치 곤란이다. 항문으로 나오는 배설물은 화장실이란 처리 장소가 있지만 입으로 나오는 배설물은 처치할 곳조차 없다. 남에게 튀어 상처를 입히고 고통을 준다. 항문으로 배설한 배설물은 배설하고 나면 시원하기라도 하지만 입에서 나온 배설물은 내뱉을 때는 시원한 것 같다가도 조금만 지나면 후회가 되는 경우가 더 많다. 화가 나서 분노를 배설할 때는 거의가 그렇다.

입이 있어 우리는 먹고 말한다. 그런데 어떤 사람은 고급 음식을 먹으면서 말이 거칠다. 그런가 하면 좋은 음식은 먹지 못해도 표현하는 언어는 겸손하고 순화되어 있는 사람이 있다. 먹는 일도 잘하고 내뱉는 일도 바르게 하면 얼마나 좋으랴. 예전엔 평소에 점잖다가도 술만 마시면 취해서 치근덕거리는 사람이 있으면 "술을 똥구멍으로 쳐 먹었느냐."고 책망을 했고, 나이를 먹을 만큼 먹었는데도 나잇값을 못하고 객기라도 부리면 "나이를 똥구멍으로 먹었느냐."고 육두문자를 써서 핀잔을 했다. 점잖게 말하려니까 항문이라 부르는 거지 똥이 나오면 똥구멍이다. 점잖게 말하려고 배설물이라 부르지만 사실 똥구멍에서 나오는 것은 똥이다. 지저분하게 들린다고 하는 사람이 혹 있을지 모르지만 사람이 살기 위해선 먹어야 하는 것처럼 먹었으면 피할 수 없는 것이 똥을 누는 일이다. 지저분하다고 생각하기 전에 그런 똥구멍으로 먹는 행동 하지 말고 제발 조심하자. 먹어서는 안 되는 것을 닥치는 대로 먹어 놓고 다시 입으로 토악질해 내는 꼴은 보기도 민망하다.

입이 똥구멍은 아니다. 입들이여, 구별하지 않고 아무것이나 먹었다가 배탈이 나고 설사가 잘금잘금 새어나와 막아야 하는 똥구멍만 괴롭히지 말자. 많이 먹어 포만감을 느낄 때, 잘 먹었다고 만족하는 것도 굳이 나무라고 싶지는 않지만 그게 어찌 배설하고 느끼는 시원함에 비기겠는가. 적당히 그리고 구별해서 먹고 배설을 시원하게 하자. 똥구멍이 평안해야 행복하다.

점점 밤 시간이 좋아지네

하루의 밤과 낮은 서로 교차한다. 그렇기에 밤과 낮은 흔히 인생의 형통한 날과 곤고한 날의 교차로 비유되기도 한다. 그러나 그렇기 때문에 밤이 좋다, 또는 낮이 좋다는 말은 함부로 할 수 있는 말이 아니다. 그 마음은 개인적인 감정일 뿐이다. 낮은 낮대로, 밤은 밤대로 각각 의미가 있고, 사람의 감정에 따라 좋은 점도 되고 싫은 점도 된다. 그리고 그런 감정은 내가 처한 환경이나 형편에 따라 얼마든지 바뀔 수 있다.

나는 어렸을 적에 여자 친구하고 냇가에 앉아서 도란도란 이야기를 나누었던 날을 지금도 잊지 못하고 있다. 고요한 밤이었다. 하늘엔 별 무리가 수를 놓았고 주변엔 물 흐르는 소리와 풀벌레 소리가 그윽했다. 그 밤은 왜 그리 짧았던가. 소소한 이야기, 요즈음 말로 하면 영양가 없는 시시한 이야기를 하면서 마음은 왠지 벅찼다. 금방 날이 새기에 우리는 헤어졌고 나는 집으로 뛰어와 학교에 갈 준비를 했다. 그 밤은 참 짧았고 아쉬운 밤이었다.

그런데 그렇게 짧고 아쉬움을 주던 밤이 왜 이렇게 지루하고 긴가 하는 생각을 갖게 한 경험을 나는 최근에 겪었다. 괴이한 일이었다. 난데없이 내가 코로나19 검사에서 양성 판정을 받았다. 확진자가 된 것이다. 그 즉시 나는 죄수처럼 음압장치가 되어 있는 병원, 병실로 옮겨 격리되었다. 갑자기 당한 일이라 기가 막혔지만 현실 상황은 조금의 여유도 주지 않았다. 코로나의 확산 방지를 위하여 보건 당국의 지시에 순응해야만 했다. 4인실에서 맛없는 밥을 억지로 먹고 첫날 밤을 맞았다. 환자들끼리 대화도 없이 고요한 밤을 지내야 했다. 먹먹한 정신으로 밤을 견디어야 했다. 내게도 누우면 곧 코를 골던 시절이 있었다. 그런데 이제는 아니다. 나이 탓인지, 잠자리가 바뀐다든지 엉뚱한 생각이 떠오르면 그걸 쫓아가다가 잠을 설칠 때가 있다. 그런 나에게 낯선 이곳에 던져져서 밤을 맞게 하였으니 잠이 쉽게 들겠는가. 어설프게 자다 깨다를 반복하다가 밤을 샜다.

하루의 밤과 낮은 다 필요에 의해서 조성되었다. 낮엔 활동하기가 쉽다. 밤엔 심신을 쉬게 만든다. 활동도 하고 쉬기도 해야 하는 만물에게 아주 적합한 배열이요, 배려다. 물론 요즈음은 밤낮을 가리지 않고 노동도 하고 쉬기도 하지만 실로 밤보다는 낮에 활동하고 노동하기가 용이하다. 그러나 사람이 어떻게 노동만 하고 살 수 있는가. 밤이 있어서 쉰다는 것은 창조주가 준 굉장한 혜택이다.

요즈음 나는 창조주의 이 혜택을 즐길 때가 많아서 자주 자정을 넘긴다. 고요한 것이 좋다. 그 시간에 지난날을 회상하고 그리운 사람을 소환하기도 한다. 나 자신과 세상에 대해서 사색할 수 있어서 좋다. 영원한 세계를 그리기도 한다. 창문을 통하여 내 방을 기웃거리는 별빛이 좋고 고요를 깨트리며 아늑하게 들려오는 풀벌레 소리는 웅장한 오케

스트라 연주보다 감미롭다. 이런 밤이면 나는 가끔씩 나의 장래와 영원한 세계를 생각하면서 감회에 젖기도 한다.

아마 그때가 되면 나는 눈을 감을 것이다. 그리고 잠시 어둠 속에 머물다가 밝은 세상을 만날 것이다. 햇빛보다 더 밝은 세계에서 눈을 뜨고 귀가 열릴 것이다. 나는 황홀할 것이다. 나를 맞아주시는 분에게 이끌려 찬양하며 황금길을 걸을 것이다. 이런 생각에 머물면 기분이 좋다. 나는 이런 밤 시간을 즐긴다. 책도 읽고 글도 쓰지만 나를 돌아보는 시간과 나를 여기까지 인도하신 분을 생각하며 감사한다. 나는 지금 현직에서 나름 열심히 일하다가 정년 퇴임을 했다. 이후 낮보다 밤이 더 좋을 때가 많아졌다.

귓바퀴의 수난시대

우리는 흔히 귓바퀴를 그냥 귀라고 부른다. 맞다. 그러나 귀라는 개념이 그렇게 간단하지만은 않다. 굳이 설명을 더한다면 귀는 겉귀, 가운뎃귀, 속귀로 나누어져 있는데 외부에서 들어오는 음파를 전기화학적 신경충격으로 전환하여 소리를 분별하고 분석하며 균형감각을 유지하는 척추동물의 청각 평형기관 전체를 의미하는 것이다. 그러므로 우리가 흔히 말하는 얼굴 좌우에 붙어 있는 귀는 겉귀의 한 부분일 뿐이다. 겉귀의 중요한 역할은 역시 소리를 모으는 일이다. 거의 물렁뼈로 되어있고 밖에서 들려오는 소리를 모아 그 소리가 귓구멍으로 들어가기 쉽게 하는 일을 한다. 사람은 안 되지만 고양이나 개 같은 짐승은 귓바퀴 주변의 근육들이 작동하여 소리가 나는 곳을 향하여 귓바퀴가 움직일 수 있는 이른바 프레어Preyer 반사현상을 나타내기도 한다.

그러므로 누가 뭐래도 귓바퀴의 본래의 기능은 소리를 모으는 일이다. 그래서 생김새도 안테나처럼 너부죽하다. 그런데 최근에는 이 귓바퀴가 본래의 일 외에 부수적인 일로 고생을 적지 않게 하고 있다. 아마 가장 오래된 부수적인 일은 여성들이 아름다움을 위해서 귓불에 귀고리를 다는 것이었을 것이다. 아름다워진다면 무슨 일인들 못할까.

구멍을 생으로 뚫는 아픔도 참고 견디어야 한다. 보석으로 꾸민 귀고리를 다는 일은 이제 웬만한 여인이라면 다 하고 있다.

  다음으로 사용되는 것이 안경다리를 거는 일일 것이다. 안경은 멋으로도 착용하지만 요즈음은 시력이 약한 사람이 많아서 대부분 생활필수품으로 여기고 있다. 마침 귓바퀴가 있어 안경다리를 거는 데 안성맞춤이다. 그렇다면 조물주가 처음 사람을 만들 때 앞으로 안경다리를 걸어야 할 것을 미리 예상하고 귓바퀴를 만드셨을까. 아니면 사람이 이미 만들어진 귓바퀴를 활용하기 위해서 안경을 그런 모양으로 만들었을까. 모를 일이지만 처음 안경을 쓸 때는 얼마나 귀찮고 무거웠던가. 그러나 이제는 가벼운 안경테도 많이 나올 뿐 아니라 습관화되다 보니 별 어려움을 느끼지 않게 되었다. 귓바퀴가 안경다리를 거는 용도로 만들어진 것처럼 된 것이다.

  귓바퀴의 수난은 거기에 그치지 않는다. 나는 최근에 청력이 급속히 나빠져서 청력검사를 받아야 했다. 오른쪽은 거의 들리지 않았고 왼쪽은 고막에 구멍이 난 상태인데 그나마 들리는 게 그쪽 귀다. 청각 장애 등급을 받았다. 그리고 보청기를 사용할 수밖에 없는 형편이 되고 말았다. 보청기를 판매하는 분이 귓속에 넣는 형으로 하겠느냐, 귓바퀴에 거는 형을 택하겠느냐고 물었다. 더러 귓바퀴에 거는 형은 아무래도 자신의 장애를 노출하는 것이기 때문에 꺼려하는 사람도 있다고 했다. 나는 귀걸이식 보청기로 하겠다고 했다. 비용문제도 차이가 있지만 무엇보다 소리가 들리지 않아 보청기를 사용하는 것이 무슨 흉이 되고 죄가 되느냐, 눈이 나쁘면 안경을 쓰는 것처럼 소리가 들리지 않으면 보청기 사용하는 것이 당연한 것 아니냐 하는 배짱이라면 배짱으로 귀걸이식 보청기를 선택했다. 그러다 보니 귓바퀴에게 또 하나의 짐을 맡긴 셈이 되었다.

그런데 그것으로 귓바퀴를 혹사시키는 것이 끝이라면 얼마나 좋았을까. 요즈음 내 몸이 전과 같지 않다. 부실하다는 것이 느낌으로 전달되어 온다. 작년에 건강하게 겨울을 넘겨서 금년에도 괜찮겠지 하고 그렇게 독감 예방주사를 맞으라는 주위의 권유를 뿌리쳤는데 웬걸, 정초에 된통 걸리고 말았다. 몸이 쑤시거나 아프지는 않는데 나른하게 힘이 빠지는 데는 어떻게 할 도리가 없었다. 지독했다. 가래가 생기고 기침을 하다 보면 현기증이 날 정도였다. 의사 선생님의 신세를 지지 않을 수가 없었다. 내 증상을 진단한 의사 선생님이 하시는 말씀, 감기엔 약이 없으니 어떻게 하느냐는 것이었다. 내 몸을 걱정하면서 "쉬는 게 상책입니다." 하는 게 아닌가. 그리고 밖에 나갈 때는 찬바람 직접 쐬지 말고 마스크를 하는 것이 좋겠다고 했다.

자, 마스크는 어떻게 착용해야 하는가. 귓바퀴 신세를 또 질 수밖에 없지 않은가. 눈이 펑펑 내리는 날이었다. 나는 외출을 하기 위해서 외투를 걸치고 단단히 목도리를 둘렀다. 그리고 안경을 닦아 쓰고 보청기도 끼었다. 의사 선생님의 지시대로 마스크도 썼다. 귓바퀴에 안경다리가 걸리고 보청기가 걸리고 마스크 줄이 걸렸다. 가벼운 것들이라 할지라도 귓바퀴에게 미안할 정도로 답답하게 느껴졌다. 거기에다 마스크 때문에 입김이 위로 올라오니 안경알이 부옇게 되어 앞이 흐릿해진다. 답답하다. 그러나 나는 그렇다 치고 본연의 사명보다 엉뚱한 일에 더 많이 쓰임을 받는 귓바퀴는 속된 표현으로 팔자에 없는 고생을 하는 게 아닌가. 확실히 지금은 귓바퀴의 수난시대다. 그래서 만약 귓바퀴가 내 말을 알아들을 수 있는 개체라면 나는 이렇게 말했을 것이다.

"귓바퀴야, 너도 내 몸의 일부지만 내 부실한 몸 때문에 고생이 많구나." 나는 내 귓바퀴에게서 흡사 식솔을 먹여 살리기 위해 이것저것 짊어져야 하는 내 모습을 본다.

나의 나 된 것은

"제 얼굴을 아무개 배우처럼 만들어 주세요." 이것이 요즈음 성형成形을 하고자 하는 사람들의 주문이라고 한다. 내가 직접 들어보지 않았으니 사실인지는 모르지만 그게 얼굴을 뜯어 고치는 사람의 마음일 수 있겠다는 생각이 든다. 아름다워지고자 하는 마음을 어찌 탓하랴. 그러나 그 마음은 충분히 이해하면서도 자기를 버리고 남과 같이 되고자 한다는 데는 조금 언짢은 생각이 든다.

알고 보면 누구나 태어나고 싶어서 이 세상에 태어나는 건 아니다. 태어나게 하시는 분의 섭리에 따르는 것일 뿐이다. 그렇다면 내가 이런 모양으로 태어난 것도 내 뜻이 반영된 것이 아니다. 그분의 뜻이다. 그분이 아무렇게나 만들어서 아무렇게나 내보내는 분이라면 몰라도 세밀하신 분이라면 언제, 어떻게, 어디에서 쓰기 위한 목적을 두고 '가장 적당'한 때에 내보내셨을 것이다. 그렇다면 나는 누가 뭐래도 나여야 한다. 그것이 개성個性이고 나만의 특성特性이다. 그렇기 때문에 나를 태어나게 하신 분의 의도대로 내 개성과 특성을 짊어지고 사는 것이 그분에 대한 예절이고 도리가 아닐까. 물론 사고事故를 만나서 모습이 흉하게 일그러졌다거나 본래의 모습이 아닐 때라든지 선천적으로 다른 사람에게 혐오감을 주는 모습이 되었다든지 지체가 제 기능을 발휘할 수 없어서라면 당연히 고쳐야 할 것이다. 그러나 그렇지 않을 바에는 내게 주어진 원래 모습대로 유지하는 것이 옳을 듯싶다.

　예전에 들은 우스갯소리가 있다. 요즈음엔 베드로 사도가 천국에서 매우 바쁘단다. 하나님이 불러서 이 세상을 떠나 하나님 앞으로 오는 사람들을 체크하는데 예전에 하늘에 등록되어 있는 얼굴과 새로 들어오는 얼굴 모습이 판이해서 자주 헷갈린다는 것이다. 그도 그럴 것이 하나님이 처음 만들어 내보낸 얼굴과 사는 동안 성형 수술하여 고친 얼굴이 서로 같지 않기 때문이란다. 세상을 떠나 내가 주님 앞에 서는 날, 내 본 얼굴과 달라서 하나님이 날 몰라보신다면 어떻게 될까. 낭패일 것이다. 물론 하나님의 지혜가 못 알아낼 리 없겠지만 말이다.

　예전에 스스로 자신이 못생겼다고 여기는 남자가 있었다고 한다. 그는 그 스트레스를 해소하기 위해서 얼굴을 고쳤다. 그리고 생각하기를, 자신이 못생겼으니 부인만은 예쁜 사람을 만나야겠다고 계획하고 결국 찾아내서 결혼을 하게 되었다. 예쁜 여자를 만나서 소원을 풀었으니 얼마나 기쁘겠는가. 꿀 같은 세월을 보냈고 드디어 세월이 지나서 자식을 낳게 되었다. 그런데 낳은 자식이 엉망이었다. 자기는 물론 고쳤으니 그 아이가 자기 얼굴을 닮을 리 없겠지만 아내의 예쁜 얼굴도 전혀 닮지 않았던 것이다. 세상에 이럴 수가 있는가. 그렇다면 누구를 닮았단 말인가. 돌연변이인가. 별 생각을 다 해 보았다. 그렇다. 아무리 성형으로 아름답게 고쳐놓아도 태어나는 자식까지 고친 모습을 닮아서 태어날 수는 없다. 그렇게 예쁜 부인도 본래 자기 얼굴이 아니었던 것이다.

개성시대다. 이 말은 남의 흉내를 내서 사는 시대가 아니란 뜻이다. 내 모습 그대로 사는 것이 좋다는 뜻이기도 하다. 내게 주신 모습, 내게 주신 성품이나 재주를 살리고 발휘하며 사는 것을 의미하고 그것을 서로 인정하는 시대를 말한다.

그렇다. 나는 나일 뿐이다. 나는 누구의 그림자도 아니고 내 실체다. 그것으로 살자. 그것으로 족하게 여기며 그것을 갈고 닦아 나가자. 이 세상의 수십억 인구 중에 나와 닮은 사람은 있을지 모르지만 나와 같은 사람은 단 한 명도 없다. 그렇게 나는 독특한 존재다. 그것이 희소가치 아닌가.

내가 어떻게 생겼든 나를 낳아주신 부모님은 내가 태어날 때 기뻐하셨고, 이후에도 나를 누구와 바꾸지 않겠다고 자랑하고 있다. 하물며 나를 태어나게 하신 지혜자요, 최고의 예술가이신 하나님은 내 모습을 보고 얼마나 기뻐하시며 감탄하셨을까, 마치 세상 만물을 지을 때마다 "좋았더라!"를 연발하신 하나님께서 분명히 나를 태어나게 하시고 그 모습에 감탄하여 "심히 좋구나." 하셨을 것이다. 그 감격의 마음을 상하게 할 이유가 우리에겐 없다. 그야말로 나의 나 된 것은 하나님의 은혜다. 개성시대에 감사하며 살자. 이런 경우는 제 잘난 맛에 살아도 괜찮을 듯싶다.

바가지

플라스틱 용기들이 나오면서 박으로 만든 바가지를 만날 수 없게 되었다. 기껏 볼 수 있는 것은 공예품으로 사용되는 조롱박 정도다. 그것도 희귀해져 간다. 편리하게 만들어져 나오는 것은 좋은데 우리 고유의 정서 하나를 잃게 되었다는 아쉬움이 있다.

오늘의 서구식 건물이 들어서기 전의 우리 농촌은 거의가 초가지붕이었다. 볏짚을 엮어 이엉을 만들고 그것으로 지붕을 덮었다. 그 위에 박 넝쿨을 올렸었다. 그러면 아무것에도 차단되지 않은 햇빛을 받으며 넝쿨이 뻗어나가면서 주렁주렁 박을 달았다. 울타리에는 호박 넝쿨이 호박을 달고 있고 지붕에는 덩실하게 박이 열려 있는 모습을 상상해 보라. 아무리 가난한 집도 마음만은 풍성해질 수 있었던 시절이었다.

호박꽃은 낮에 노랗게 핀다. 그러나 박꽃은 밤에만 하얗게 핀다. 별빛이 내리는 날 밤의 박꽃은 청초했고 보름달이 뜬 날에 이슬을 머금고 있는 자태는 수줍은 소녀의 모습이었다.

가을로 접어들면서 소슬바람이 불고 귀뚜라미 울음소리가 귓전을

울리기 시작하면 박은 둥근 달처럼 부풀어 올랐다. 그러면 아버지는 바늘을 가지고 올라가서 찔러 보았다. 아직 다 영글지 않았으면 며칠을 더 기다렸다가 바늘이 박의 표피를 뚫기가 힘들 정도가 되면 따다가 톱으로 바르게 절반을 잘랐다. 그러면 듬성듬성 씨가 박힌 하얀 속이 나왔다. 아버지는 씨를 발라 내년을 위해서 햇볕에 말리고, 어머니는 박속을 초고추장에 버무려 주었다. 맛은 밋밋하지만 초고추장 맛으로 먹었다. 그렇지만 가난한 시절에 그게 어딘가. 맛있는 간식이 되었다.

그리고 두 쪽으로 나누어져 바가지가 된 것을 왕겨를 모아 태우는 은근한 불에 쪼여서 말린 다음 사용하였다. 지금도 바가지는 주방에서 없어서는 안 되는 실용품이지만 예전에는 그 용도가 더 다양했다. 물을 뜨거나 퍼내는 일을 비롯하여 음식을 담아 주는 용도로도 사용했다. 간단한 설거지통으로도 쓰고 밥주발을 덮어서 파리가 꼬이지 않도록 하는 데도 사용했다.

이렇게 유용한 것이면서도 바가지라는 말은 오늘날 부정적으로 쓰이는 예가 많다. 아내의 듣기 싫은 잔소리를 바가지 긁는다고 표현한다. 정곡을 찌르는 충고일 때도 내 기분에 맞지 않으면 모두 바가지를 긁는 것으로 치부해 버린다. 손해를 보거나 책임을 지게 된 경우가 되면 바가지 썼다고 한다.

그뿐인가, 재산을 다 잃어서 형편이 어려워졌을 때 바가지를 찼다, 또는 쪽박을 찼다고 표현한다. 이런 표현들을 들으면서 바가지는 얼마나 억울할까?

도대체 사용할 때는 요긴하게 쓰면서도 왜 사람들은 그렇게 부정적인 뜻으로만 사용하는지 모르겠다. 하긴 이 세상에 좋은 일 하고 억울한 소리 듣는 게 바가지뿐이겠는가. 예수 그리스도는 하늘 보좌를 버리고 이 땅에 오셨다. 그는 여우도 굴이 있고 공중의 새도 거처가 있으되 인자는 머리 둘 곳이 없다고 하셨다.(마 8:20) 자원해서 쪽박을 찬 것이다. 세상 죄를 짊어지고 죽었다. 덤터기를 쓰고 바가지를 쓴 것이다. 그가 들려주는 복음을 당시의 기득권자들은 바가지 긁는 소리로 듣고 비난했다. 동냥은 못할망정 쪽박은 깨지 말라고 했는데.

여유

나는 여유餘裕라는 말이 좋다. 넉넉함과 너그러움의 뜻이 들어 있어서이다. 그래서 실제의 내 생활도 여유로웠으면 한다. 여유란 바쁜 중에도 서두르지 않고 평정심을 갖는 것을 의미할 것이다. 그러므로 게으름과는 엄격히 구별되어져야 한다. 시간이 널널하게 남아돌아서 펑펑 노는 것을 의미하지 않는다. 오히려 할 일이 너무 많아서 눈코 뜰 새 없어도 마음을 정돈하고 차근차근 처리해 나가는 태도다.

이런 여유는 하루아침에 형성되는 것이 아니다. 선천적으로 타고나는 성품도 중요하다. 인격 수양도 필요하다. 그러나 무엇보다 평소에 미리 준비해 두는 자세가 필요하다. 앞으로 닥칠 일에 대해서 아무런 준비를 하지 않으면 막상 일을 만났을 때 당황하게 되지 않던가.

내가 생각하기에 나는 소심한 성품을 타고난 것 같다. 갑자기 어떤 그악한 일이라도 만나면 당황하여 어쩔 줄 모르는 경우가 많다. 마음으로는 침착해야지 하면서도 도무지 무엇부터, 어떻게 처리해야 할지 앞이 캄캄해지기까지 하는 것이다. 그래서 미리 예견하고 준비하는 습관을 기르기 시작했다.

나는 주일主日에 선포할 설교를 한 달 전이나 짧게는 일주일 전에 준비해 둔다. 그러면 마음이 그렇게 편할 수 없다. 서두르지 않아도 되고 결과적으로 실수도 적다. 그런데 어떤 분들은 성도聖徒들에게 따끈따끈한 양식을 공급하려면 즉석에서 말씀을 선포하거나 적어도 바로 전날에 준비해야 한다고 한다. 나는 그런 분들에게 나름대로 변명을 할 수 있다. 따끈따끈한 양식도 좋지만 오래 숙성된 양식은 더 좋은 것이라고.

도회지가 답답한 것은 차량이나 건물로 꽉 차 있는 느낌이 들기 때문이다. 도무지 여유가 없어 보이는 것이다. 도회지를 벗어나 보자. 그림처럼 펼쳐지는 산천이 얼마나 느긋하게 보이는가. 여유에 조화까지 곁들였다. 내가 만일 화가라면 산수화를 그리면서 여백을 많이 남겨 둘 것이다. 여백에는 무엇이든 더 들어와도 좋다는 손짓 같은 것이 보인다. 누구든지 받아들이겠다는 포용정신이 들어 있다. 내가 바다를 보면서 가슴이 트이는 것은 세상에서 유입되는 그 어떤 물도 받아들이는 넉넉함과 어머니 마음으로 그 많은 어족을 품은 여유 때문이요, 내가 산을 좋아하는 것은 무슨 나무나 짐승일지라도 안아주는 포용력 때문이다. 그 여유가 얼마나 넓고 깊은가.

나는 이어폰을 끼고 음악을 들으며 공부를 하거나 신문을 읽는 사람을 보면 답답하다는 생각이 든다. 음악을 듣는 것이 나쁜 일도 아니고 또 음악을 들으면서 공부를 해야 능률이 더 오른다는 사람이 있지만 내 좁은 소견으로는 헷갈려서 하나도 제대로 되지 않을 것 같다. 한꺼번에 모든 것을 하고자 하는 욕심이 여유를 빼앗아가는 게 아닐까. 현대인의 부지런함은 남보다 앞서 가지 않고, 남보다 많이 하지 않으면 탈락할 수 있다는 강박감이나 조급증에서 나온 것 같다. 그래서 사람들은 눈치가 빨라지고 이권利權이 개입되어져 있는 곳에서는 재빠르게 행동하는 것이 아닐까. 그러나 나는 조금 굼뜨다는 소리를 듣는 한이 있더라도 약삭빠르다는 소리는 듣고 싶지 않다. 아무리 이권이 있고 바쁘다 하더라도 때론 아무 일 없는 사람처럼 조용한 곳에서 클래식 한 곡 들으면서 차 한 잔 마시고 일어서는 여유를 갖고 싶다.

아무리 바빠도 갤러리에 들어가 그림 한 점을 감상하고, 아내와 나란히 영화관에 가고, 아이들 손을 잡고 앉아 연주를 감상하는 사람을 보면 멋이 있어 보인다. 너무 바쁘기 때문에 나중에 하자고 미루면서 1년이 지나도록 영화 한 편 보러 가지 못하는 사람은 가엾게 느껴진다. 건강을 위한다고 헬스클럽에서 몇 시간씩 땀을 흘리면서 시집詩集 한 권 읽지 못하고, 업무에 바쁘다고 공원길 한 번 산책하지 못하는 사람을 보면 답답하다. 어떻게 그런 사람과 한집에 살면서 시원하게 숨이라도 쉴 수 있겠는가.

너무 바쁘고 귀찮기 때문에 강도 만나 모든 것을 빼앗기고 죽어가는 사람을 모른 척 지나갔다는 성경에 나오는 제사장이나 레위인의 태도는 정나미가 떨어지게 만든다. 그러나 사마리아 사람, 이 사람이야말로 정말 바쁜 사람이지만 강도 만난 사람을 자기 짐승에 태워 주막까지 가서 밤새 치료해 주고 주인에게 치료비까지 맡기며 떠난다. 떠나면서 치료비가 더 들면 돌아오는 길에 갚아 주겠노라고 했다니 이 얼마나 여유 있는 사람인가.(눅 10:30-37) 이런 때 여유는 인정과 통한다.

우리의 조상들은 어렵고 힘들 때도 각박하지는 않았던 것 같다. 가을철에 감나무에서 잘 익은 감을 따면서 한두 개를 까치밥으로 남겨둘 수 있었다. 그것을 까치가 와서 먹는지는 모르지만 푸른 하늘을 배경으로 잎사귀 다 떨어뜨린 가지에 달린 홍시. 이런 때 여유는 아름다움과 통한다.

우리 어머니는 언제나 식구들이 먹을 밥보다 더 많이 준비해 두셨다. 이유인즉 언제 갑자기 손님이 들이닥칠지 모르기 때문이라 했다. 오늘날처럼 손쉽게 밥을 지을 수 있는 시절이 아니었다. 이런 때 여유는 배려와 통한다.

우리는 지금 그 어느 때보다 바쁜 세상에서 살고 있다. 남들보다 부지런해야 살아남을 수 있는지 모른다. 그러나 그렇기 때문에 더욱 여유가 필요한 게 아닐까. 진정 사람은 밥만 있으면 사는 존재가 아니다.

소리

　세상은 온통 소리로 꽉 차 있다. 그것이 시끄러워서 좀 조용했으면 좋겠다는 생각을 할 때가 많다. 내가 청력을 잃기 전에는 심각하게 느끼지 못했던 소리들이 이제 보청기를 끼고 나니 새삼스럽게 세상은 소란한 소리가 많은 곳이란 생각을 더욱 갖게 한다. 거리로 나가면 전에는 그저 그러려니 하고 들었던 자동차 달리는 소리가 왜 그리 시끄러운지. 그 밖에 시내에 널려 있는 소리들이 소란하다. 듣고 싶은 소리가 소음에 묻혀 파악이 안 되면 엉뚱하게, 그리고 이상하게 소음만 전보다 더 크게 들리는 것 같다. 그게 싫어서 나는 요즈음 혼자 있을 때마다 보청기를 끄고 산다. 그러면 세상이 적막하다. 때때로 느끼는 것이지만 소음 없는 그 적막의 세계가 좋기도 하다. 그러나 어찌 살아 있는 사람이 적막강산에서만 살 수 있겠는가. 그것도 딱한 노릇이다. 생각해 보라. 보청기를 켜면 들리는 소리가 확대되는 건 좋은데 소음도 확대되어 사람의 목소리가 그 소음에 묻혀 선명히 들리지 않는다면 어떤 심경이 되겠는가. 대화하는 상대에게 지금 무슨 말을 했느냐고 다시 또 물어 확인하는 절차를 거쳐야 할 때 나도 미안하지만 상대방은 얼마나 답답하겠는가. 대화가 원활하지 못해서 겪는 심적 고통은 아는 사람만 안다. 그러나 뾰족한 수단이 없으니 어떻게 하랴. 불편하지만 참고 견디는 수밖에 도리가 없다. 그러자니 스트레스만 쌓인다. 때로는 사람과의 대화를 피하고 싶은 생각이 들고 그때마다 대중 속에 외톨이라는 소외감을 느끼지 않을 수 없다.

 그러나 세상엔 소음만 있는 게 아니다. 나는 새벽에 기도를 하고 돌아오면서 보청기를 켜 둔다. 고요 속을 헤집고 나오는 풀벌레 소리가 좋아서이다. 그 소리가 나에겐 감미로운 노래이고 서정적인 시詩이다. 나는 오래전에 어떤 문학잡지에 글 한 줄을 써 보냈다. 그랬더니 당선통지가 왔고 그 이후로는 황송하게도 시인이라는 이름으로 불려진다. 그럼에도 내 처지가 참 딱하다. 내 시를 읽고 감동하는 사람이 얼마나 있을까. 모르겠다. 그런데 풀벌레 소리를 들으면서 수많은 사람들이 감동을 받고 있다. 물론 나도 거기에 포함된다. 글쎄 모르겠다. 풀벌레 소리에 어떤 의미가 담겨 있는가. 자기들끼리는 소통하는 의미가 있을지 모르지만 나는 의미를 모른다. 그럼에도 풀벌레는 의미 모르는 소리로 우리들 사람의 마음을 감동시키고 있다. 정서적인 측면에서 인성을 도야하고 순화시키는 역할을 감당한다. 그게 어디 풀벌레들뿐인가. 새들의 노랫소리, 계곡을 흐르는 물소리, 바다의 파도소리, 하늘을 가르는 천둥소리, 처마에서 떨어지는 빗소리, 하다못해 깊은 밤에 들려오는 개 짖는 소리, 무논에서 들려오는 개구리의 합창소리. 자연에서 들려오는 소리는 하나같이 정겹다. 그립게도 하고, 외롭게도 하고, 슬프게도 하고, 안타깝게도 하고 잔잔한 기쁨을 주기도 한다. 그러니 이들이 예술가가 아니고 무엇이며, 그들이 내놓는 소리가 시가가 아닐 수 있는가. 나는 내 나름대로 의미를 담고 정교하게 다듬어서 시詩라고 써서 내보내지만 부끄럽다. 바람에 나부끼는 나뭇잎 한 가닥 소리만도 못하고 깊은 밤에 사락사락 내리는 함박눈 소리만도 못하다.

그렇다면 세상의 주인 역할을 자처하는 사람들의 소리는 어떤가. 자연의 소리는 뚜렷한 의미가 없는 반면에 사람의 말은 의미가 있다. 그 의미를 이웃에게 전달하며, 서로의 의사를 나누며 산다는 것은 얼마나 고급스러운 일인가. 그 의미가 있는 말을 소리로 전하면서 얼마든지 이웃에게 감동을 주어야 마땅할 것이다. 사랑의 소리, 교훈의 소리, 배려의 소리, 존중의 소리, 겸손과 친절의 소리. 얼마든지 우아하고 사랑스러운 목소리로 남을 즐겁게 할 수 있다. 그런데 의미가 있는 고급의 언어를 가지고 살면서 왜 그렇게 시끄러운 세상을 만들어 가고 있는지 모르겠다. 말이 진실과 품위를 잃으면 새소리나 벌레소리만도 못하다. 사람들은 그런 소리를 잔소리, 잡소리, 신소리, 헛소리, 쌍소리, 귀신 씻나락 까먹는 소리, 심지어 개소리라고도 한다. 우격다짐으로 남을 제압하려는 폭력의 소리가 높아지고 속임수로 제 앞에 큰 감을 놓으려는 야비한 소리가 사회 저변에 깔려 진실의 소리가 숨도 크게 쉬지 못하는 데라면 무슨 소망이 있겠는가. 아름답고 조화된 세상을 만들고자 한다면 소리를 낮추자. 감동을 주는 소리가 들리면 기쁘게 반응하며 응원하자. 내 입으로 소리를 내서 말도 하고, 노래도 하고, 열려진 귀로 들을 수 있다는 사실은 얼마나 큰 축복인가. 그 축복이 축복이 되게 하기 위하여 시끄러운 소리나 남에게 상처를 주는 소리를 내지 않도록 조심하자. 늦가을이다. 낙엽이 지고 있다. 조용히!

잠

나는 잠이 많은 편이었다. 어렸을 적에 들은 어머니 말씀에 의하면 나는 아기 때부터 순해서 잘 울지 않았고 뉘어만 놓으면 어디서나 금방 잠들었다고 한다. 심지어 두엄자리 옆에 뉘어 놓아도 칭얼거리지 않고 잤다는 것이다. 그게 나를 키우는 데도, 당신이 일하는 데도 편했다고 했다. 해방 직후 핍절한 농촌에서는 힘든 농사를 여자들도 남자들 못지않게 해야 했는데 아기가 자주 울어대면 거기에 신경이 쓰여서 어떻게 편한 마음으로 일할 수 있었겠는가. 어머니는 나를 낳고 3일 만에 들에 나갔다고 했다. 그때에도 젖만 먹여 놓으면 나는 잘 잤다고 한다.

나의 이런 습성은 학창시절에도 이어진 듯싶다. 아무리 중요한 시험을 앞에 두고도 잠부터 자야 했다. 남들은 밤을 새워 공부를 한다는데 나는 아무리 작심을 하고 공부를 하려 해도 얼마 지나지 않아 하품이 나며 졸음이 와서 포기하곤 했다. 공부에 재미를 붙이지 못했든지 아니면 의지가 박약했다고 할 수 있겠지만 천근 무게의 졸음이 눈꺼풀을 찍어 누르는데 견뎌낼 재간이 없었다. 그래서 잠부터 자고 일찍 일어나 개운한 정신으로 공부하겠다고 잠과 적당히 타협을 하곤 했다. 그러나 그 타협은 항상 내게 패배를 안겨주었다. 깨어 보면 공부할 시간이 없었다. 서둘러야 학교에 늦지 않을 시간이었다. 그러면 공부할 시간을 잠에게 빼앗긴 것이 아까워 투덜댔지만 내 투정을 받아줄 대상이 누구인가. 없다. 그 투정은 내가 나한테 하는 불만일 수밖에 없었다.

나의 잠자는 습성은 때와 장소를 가리지 않았다. 어떤 사람들은 잠자리가 바뀌면 잠이 쉬 들지 않아서 한참을 뒤척이다 겨우 잠이 든다고 하는데 나는 아니었다. 일단 자야겠다고 마음만 먹으면 어디서든지 1,2분 사이에 코를 골았다. 특히 버스를 타면 누가 보든 말든 창에 기대고 잤다. 이때는 어디서든 잠 잘 드는 내 습성의 불에 기름을 붓고 부채질까지 하는 요소가 또 하나 있어서였다. 내게는 어려서부터 차만 타면 머리가 지끈거리고 심하면 토할 것 같은 멀미가 있었는데 지금까지도 약간 남아 있다. 도리가 없다. 잠들면 편안한데 억지로 잠을 거부하며 멀미의 곤욕을 감수해야 할 이유가 없다. 내가 운전하는 것도 아니고 멀미만 없다면 이렇게 나를 안전하게 지켜주는 자리가 어디 있는가. 폭신한 침대가 아니라서 불편하지만 그럼에도 차에 나를 맡기고 자는 것이 낫다. 신기한 것은 그렇게 자다가도 하차해야 할 즈음에 잠이 깨지는 것이다. 지금까지 잠자다가 못 깨어나 종점까지 간 일은 없다.

불경한 이야기가 될지 모르지만 잠과 관련된, 빼놓을 수 없는 이야기를 하나 해야겠다. 기도는 신앙인이 하나님을 만나는 중요한 일이다. 그런데 그 기도가 아무 때나 되는 것은 아니지 않은가. 영혼이 맑아야 한다. 피곤하면 그게 어렵기 때문에 먼저 내 영혼을 깨워야 한다. 그런데 나는 그렇지 못할 때가 많았다. 한번은 깊은 밤에 예배당에 갔다. 물론 기도하러 갔다. 그런데 심신이 피곤하여 기도줄이 잡힐 것 같지 않았다.

그때 내가 어떻게 기도했는지 여러분은 알고 싶지 않은가? "하나님, 기도하러 왔는데 피곤해서 먼저 자겠습니다." 그러고는 자고 왔다. 나는 기도하러 기도원에 수없이 갔다. 그때마다 대개 금식기도를 했는데 거의 대부분 먼저 잠부터 자고 나서 기도를 했다. 도무지 잠을 이길 수가 없고 피곤하면 기도뿐 아니라 아무 일도 잘 되지 않았다. 베드로가 겟세마네 동산에서 예수님과 함께 기도해야 할 때 "유혹에 빠지지 않게 기도하라.", "내 마음이 심히 고민하여 죽게 되었으니 깨어 기도하라."는 분부를 듣고도 잠만 잤다는 사실을 나는 누구보다 이해한다. 그래도 베드로를 버리지 않았던 하나님이 나도 버리지 않으시고 목회를 마치게 해주신 것이 감사하다.

잠 때문에 손해본 일이 없는 건 아니다. 나가 있는 사람의 몫은 있어도 잠자는 자의 몫은 없다지 않은가. 중국의 연변지역에 간 일이 있었다. 거기서 해란강도 보고 일송정도 보고 윤동주 시인이 한때 다녔다는 명동학교도 가보고 두만강 따라 달려보기도 하고 백두산에도 오르는 조금 긴 여행이었다. 이도백화라는 길을 지나는데 도로 사정이 좋지 않은데다 차량도 노후 되어 그 좋은 경치를 볼 수가 없었다. 차는 털털거리고 먼지는 차 안까지 들어와 차 안이 뿌옇게 되었다. 나는 속이 울렁거려서 도무지 참을 수가 없었다. 풍광을 보겠다는 욕심으로 눈을 떴다가 졸다가 하며 다녔다. 그런데 동행했던 동료가 후에 내 기행문을 보고 차 안에서 늘 잠만 잔 사람이 어떻게 이리 똑같이 묘사했느냐고 감탄도 하고, 자면서도 보느냐고 놀리기도 했다. 일부 상상력을 동원한 것이지만 실상을 보지 못했으니 같은 사람과 같은 시간을 보냈는데도 나는 손해를 본 것이다.

이런 잠꾸러기를 우리 아버지는 "소대성의 넋이 들었느냐."고 하시기도 했다. 소대성은 우리 고전 군담소설 중의 하나인 소대성전蘇大成傳에 나오는 주인공 이름이다. 작중의 그는 부모를 잃고 고아가 되어 구걸과 품팔이로 연명을 했다. 그러나 청주 땅에 사는 이 승상이 기이한 꿈을 꾸고 낚시터에서 잠자는 소대성을 집으로 데려와 비록 그가 비천하지만 비범한 인물됨을 알고 자기 딸인 채봉과 약혼을 성사시켰다. 그러나 결혼을 시키기 전에 장인이 될 이 승상이 죽음으로 가족들은 그의 결혼을 반대했고 심지어 자객을 시켜 죽이려고까지 했다. 소대성은 그 집을 나와 노승을 만나 무술과 병법을 연마하고 호 나라가 쳐들어와 나라가 위기를 만났을 때 큰 공을 세우고 천자를 구해냈다. 후에 천자로부터 호 나라의 왕으로 책봉을 받았다. 그는 절개를 지킨 채봉과 인연을 맺고 자신을 미워했던 가족을 대접하며 선정을 베풀고 부귀영화를 누렸다. 소대성은 자기를 인정해준 이 승상이 죽자 한때 실의에 잠겨 밥 먹고 잠만 잤다. 역사적 인물인 강태공이 낚싯대를 걸어놓고 세월을 낚으며 기회를 찾았다면 소대성은 비록 작품 속의 인물이긴 하지만 잠자면서 때를 기다린 게 아닌지 모르겠다. 만약 그렇다면 잠이 게으름의 상징이긴 하더라도 때로는 때를 기다리는 데 유용하게 사용되는 도구가 될 수도 있을 것 같다.

요즈음 나는 잠을 많이 자지 못한다. 무슨 근심이나 불안 요소가 있는 게 아닌데 새벽에 일찍 깨진다. 옛날 어르신들이 늙으면 새벽잠이 없어진다고 푸념을 늘어놓았다더니 나도 늙었나 보다. 어렸을 적에는 심지어 잠들지 못하는 불면증 환자가 부러울 때도 있더니 이제는 당시 잠을 잘 자며 산 것이 감사하다. 성경에 하나님께서 그의 사랑하는 자에게 잠을 주신다고 했는데(시 127:2) 그렇다면 나는 그동안 하나님의 사랑을 많이 받은 사람이다. 물론 여기서 잠은 안식과 평안을 상징하지만 그렇다고 하더라도 내가 그동안 잠을 잘 잤다는 것은 평안하고 건강했다는 뜻이 된다. 얼마나 감사한 일인가.

잠은 사람의 일생에 1/3을 차지하는 시간이다. 잠은 건강과 직결된다. 건강을 얘기할 때 잠을 빼놓을 수 없다. 육신적으로 쇠약하거나 정신적으로 근심이나 불안이 있으면 잠을 잘 잘 수 없다. 내가 고등학교를 다닐 때이다. 주장이 다른 두 분의 선생님이 계셨다. 한 선생님은 학생들에게 "요새 밤도 길더라, 잠 좀 덜 자고 공부하라."고 강요하다시피 했다. 대학 진학을 위해서 격려하는 차원이었다. 그런데 다른 한 선생님은 나이가 조금 지긋하셨는데 "공부한다고 잠 덜 자지 말아라. 젊었다고 몸 해치지 말아야 한다."고 하셨다. 그 권면을 들으며 우리는 웃었다. 그 선생님의 권면이 당시에 우리들의 상황과 너무 동떨어졌다고 생각했기 때문이었다. 지금에 와서 생각해 보면 누가 더 옳았는지는 말하기 어렵지만 잠 많이 자야 한다던 선생님의 말씀을 듣고 웃었어야 할 일만은 아니었던 것 같다.

잠 때문에 아쉬운 일도 많았지만 이제는 잠이 줄어든 게 아쉽다. 잠을 잘 잔다는 것은 건강하다는 뜻이요, 마음이 평안하다는 뜻이 아닌가. 바라기는 이 세상을 사는 동안 잠 잘 자면서 살다가 영원한 안식을 바라보며 이 세상을 하직할 때 평안히 잠자는 것처럼 가는 고종명考終命의 복을 받았으면 좋겠다.

마스크

숨이 컥컥 막히는 계절에 마스크를 쓰라고 하면 좋아할 사람은 없다. 그러나 우리는 코로나19의 전염을 막기 위해서는 반드시 써야 한다기에 썼다. 마스크를 쓰지 않으면 지하철 같은 공공 교통수단을 이용할 수 없고 관공서나 은행 같은 곳에 들어갈 수 없으니 쓸 수밖에 없었다. 심지어 마스크를 쓰지 않다가 적발되면 벌과금을 물어야 한다는 공포에는 안 쓸 재간이 없었다. 그렇지만 처음엔 습관이 되지 않아서 나는 마스크를 쓰지 않고 문밖에 나왔다가 깜짝 놀라 다시 집으로 들어갔다 나온 적이 한두 번이 아니다.

나는 건강을 위하여 마스크를 쓰라는 정부의 권고를 반대하지 않는다. 오히려 기꺼이 받아들인다. 불편하더라도 공익을 위한 일이고 또 그것이 나 자신을 위한 일이니 그보다 더 까다로운 일이라 할지라도 참아야 한다고 생각한다.

마스크만 쓰면 어디든지 갈 수 있다는 데 나는 감사한다. 역병 감염을 막기 위해 불필요한 외출을 자제해 달라는 정부의 권고도 이해한다. 그래서 외출이나 다른 사람과의 만남을 자제하려고 한다. 그러나 누가 제정신을 가지고 불필요한 외출을 하겠는가. 다 나름대로 일이 있어서 외출도 하고 사람을 만나기도 할 것이다. 그런데 이것을 강제하는 듯하면 불편하다.

  나는 마스크를 착용하고 산책을 한다. 그것이 사람을 덜 만나고 조용히 사색을 할 수 있는 기회를 제공해 주기도 한다. 가까운 분들의 혼사나 장례에 참석하여 축하도 하고 위로도 드린다. 역병을 이유로 그런 인간관계도 끊는다면 그것은 산 사람이 할 도리는 아니다.

  "인사가 범보다 무섭다."란 말을 어린 시절에 부모님으로부터 배웠다. 광화문 집회에도 다녀왔다. 나름대로 나라를 사랑한다는 의미였다. 내 생명이 천하보다 귀하지만 어떤 의미에서는 내 생명보다 나라가 더 귀할 수 있다는 느낌과 의지 때문이었다. 거기에 참여한 사람들도 대부분 그런 생각으로 나왔을 것이다. 모두가 마스크를 쓰고 나왔다. 정부가 그렇게 한꺼번에 많이 모이는 것은 역병을 감염시키는 일이라고 극구 말렸지만 다녀왔다. 정부가 집회 참여를 막은 진정한 이유가 무엇이었는가에 대해서는 정권이 바뀌고 나서 밝혀질 것이기에 기다리면 된다.

  이제 마스크를 쓰는 것이 일상화되었다. 한 해 동안 늘 그렇게 살다 보니 습관화되고 익숙해졌다. 날씨가 쌀쌀해졌다. 이제는 마스크 쓰는 것이 오히려 좋아졌다. 찬바람을 막아주니 지난날 독감 예방 차원으로 일부러 마스크를 쓰던 생각이 났다. 그렇게 생각하니 마스크를 쓰는 일이 귀찮기도 하지만 거기서 최소한 두 가지 좋은 점을 발견했다. 발견했다고 하면 무슨 대단한 것이라도 찾아냈는가 하여 오해할지 모르겠기에 미리 밝혀두지만 그런 것은 아니다. 생활 속에서 마스크를 쓰다보니 좋은 점이 발견된 것이다.

하나는 기침이 나올 때 손수건을 급히 꺼낼 필요가 없다는 것이다. 마스크를 하고 있으면 기침을 해도 자동적으로 이웃에게 피해를 주지 않게 된다. 또 하나는 하품을 할 때이다. 나 같은 경우는 수시로 하품이 나온다. 피곤하거나 지루할 때 나타나는 생리현상이지만 남들 앞에서 아무렇지 않은 듯이 입을 찢어지게 벌릴 수는 없다. 설교나 강의를 들을 때 하품을 하는 것은 강사에 대한 예절이 아니다. 그래서 하품이 나오면 일단 손바닥으로라도 벌어진 입을 가려야 한다. 그런데 마스크를 하고 있으면 죄송하긴 해도 표가 나지 않으니 얼마나 다행인가.

그렇게 생각하니 세상에는 좋다는 것이 다 좋기만 한 것이 아니고 귀찮은 것이 어떤 경우에나 귀찮은 것이 아니다. 코로나19는 분명히 우리에게 다가온 고난이다. 고난을 좋아할 사람은 없다. 그러나 인류 역사를 보면 고난이 없었을 때는 없었다. 역설적이지만 고난이 있어서 세상은 발전했다. 힘드니까 편리를 추구하고 고통스러우니까 그 고통에서 벗어나려 했다. 우리도 경험하는 것이지만 많은 사람이 고난을 통하여 인격이 완성되고 성숙되는 것이라고 고백도 하고 가르치기도 한다. 오죽했으면 젊어서 고생은 사서라도 해야 한다는 속담이 만들어졌을까. 세상일이라는 것이 내 마음대로 고분고분하게 돌아가지 않는다. 아마 모든 일이 마음대로 되었다면 사람은 지금보다 훨씬 게을러졌을 것이다. 그러나 어려운 일을 만나고 힘든 일이 앞을 가로막기 때문에 땀을 흘리며 연구를 한다. 귀찮고, 까다롭고, 힘든 일에서 벗어나기 위하여 노력한 것이 문화문명을 발전시키는 원동력이 되었다는 것을 부정할 사람은 없을 것이다.

그렇다. 알고 보면 세상은 많은 부분 우리 마음이나 뜻대로 되지 않기 때문에 오히려 의미가 있다. 인생이란 불가능을 가능케 하려는 삶의 연속이 아니겠는가. 나를 억압하려는 세력이나 환경이 있기 때문에 자유의 소중함을 알고, 빈곤의 고통을 알기 때문에 억척같이 땀을 흘리며 벗어나려 한다. 증오가 있기 때문에 사랑을 그리워하고 다툼이 있기에 평화를 사랑한다. 문제가 없기를 누구나 원하지만 거기엔 답도 없다. 위험이 도사리고 있다. 긴장이 풀리고 무장 해제가 되면 타락의 길이 나타난다.

코로나19. 이게 왜 생겼나? 거기에 의문을 품는 것이 잘못은 아니지만 지금은 극복하는 데 힘을 써야 한다. 그러나 그것이 극복되면 더 어려운 것이 올 것이다. 그런 점에서 우리는 겸손해야 할 것이고 마스크 쓰는 것이 귀찮아도 지금은 마스크를 써야 한다. 지금은 참고 견디면서 대항할 때다.

결국은 이 역병을 정복해야 하겠지만 왜 이런 불쾌한 것들이 생길 수밖에 없었는가도 생각해야 한다. 의미나 이유 없이 생겨나는 것은 없다. 악도 필요악이다. 원인이 사람에게 있다면 사람이 먼저 제 위치를 찾아야 하지 않겠는가. 탐욕과 교만을 버려야 한다.

마스크 때문에 이런 생각까지 했지만 나는 지금 당장 엉뚱한 생각을 한다. 왜 코로나19가 찾아와 마스크로 입을 막게 했을까. 입이 하는 일은 크게 두 가지다. 먹는 것과 말하는 일이다. 이 두 가지는 생명을 유지하는 기초적인 일이다. 그러므로 첫째, 먹을 것을 탐하여 자기 배만 채우지 말라. 둘째, 말을 하되 줄여서 하고, 예절이나 경우에 어긋나는 말을 삼가 조심하라. 그렇지 않으면 죽을 수도 있다는 경고는 아닐는지 하고.

제2부

봄은 겨울을 거쳐서 온다

어린이 병동에서

서울대학병원 어린이 병동에 갔다. 신장腎臟 스캔을 하기 위해서였다. 그걸 소아핵의학 검사실에서 하기 때문이었다. 10년 전에 나는 좌우 신장에 각각 물혹이 있어서 모대학 병원에서 수술을 받은 일이 있었다. 물혹에서 물을 빼내고 메타놀을 주입하여 물혹을 말리는 간단한 수술이었는데 그때 물혹의 크기가 줄어들었을 뿐 완치를 못하고 퇴원을 했었다. 병원 측에서는 더 자라지만 않으면 괜찮은 것이라고 위로해 주었지만 나는 마음 한구석에 늘 꺼림칙한 생각을 지니고 살아야 했다.

그런데 이번에 한 종합검사 과정에서 신장에 이상한 것이 보인다는 것이었다. 정확한 것은 수술을 해 보아야 알겠지만 종양 가능성이 있으므로 서두르라고 했다. 나는 왜 이리 기분 나쁜 것이 생겼나 해서 의사 선생님이 지시하는 대로 주변검사를 했다. 혈액검사, 소변검사, 심전도검사, 방사선검사(X-ray), 전산화 단층 촬영(CT)을 하고 뼈 스캔(Bone Scan)도 했다. 그리고 같은 날에 할 수 없다는 신장 스캔은 4일 후인 오늘 하게 된 것이다.

먼저 방사성 의약품(99MTC-DMSA)을 주사하고 4시간이 경과되어야 검사실에서 촬영을 하는데 이는 약품이 신장에 흡수되는 시간이 그만큼 소요되기 때문이라 했다. 나는 주사를 맞고 4시간을 기다려야 한다기에 미리 가볍게 읽을 수 있는 월간지 한 권을 가지고 갔다. 그러나 책을 읽기 전에 새삼스러운 현상에 부딪히고 말았다. 웬 어린이 환자가 이렇게 많은가. 물론 어린이 병동이기 때문이겠지만 그래도 내가 평소에 주변에서 보았던 저 천진하고 건강한 어린이들하고는 너무나 다른 어린이들이 여기에 모여 있는 것이다. 머리를 모두 깎은 아이들, 휠체어를 타고 있는 아이들, 모자를 눌러쓰고 엄마 품에 안겨 있는 아이들, 자신이 어떤 병을 앓고 있는지도 모르는 아이들이 이렇게 많이 있었다. 평소에 운동장에서 뛰어논다든지 공원에서 꽃구경이나 해야 할 아이들이 여기에 모여 있는 것이다.

나는 직업상 장례식의 주례를 많이 맡는다. 그런데 요즈음엔 수명이 늘어서 7,80세를 사는 것은 보통이고 100세 가까이 사는 분들도 많다. 그분들을 보면서 나도 이분들만큼만 살 수 있다면 앞으로 20년 이상도 살 수 있겠다는 생각을 했었다. 그런데 여기에 와서 보니 생각이 달라지는 게 아닌가. 하얀 살결에 솜털이 보송보송한 어린아이들이 생사를 넘나드는 고생을 하는 것을 보니 내가 지금까지 살아온 나이도 적지 않게 여겨지는 것이다. 나는 이 어린아이들이 모두 질병을 이기고 건강을 회복하기를 빌었다. 그러나 만약에 이 아이들 중에 어떤 아이의 생이 지금 꽃잎처럼 떨어지고 만다면 나는 그 아이 앞에서 미안하게 오래 산 결과가 아니겠는가.

그렇다. 나는 내가 지금까지 살아 있는 것에 대하여 감사해야 한다.

그러나 내가 나의 건강하게 산 지난날에 대해서 얼마나 감사했는가. 건강한 몸을 가지고 살면서 그것이 얼마나 감사한 일인 줄을 모르고 살아왔다.

왜 우리는 자기가 처한 상황이나 현실에 대해서 감사하지 못할까. 왜 그 소중한 것을 잃어버리고 나서야 비로소 감사를 몰랐음을 깨닫게 될까. 왜 내가 지금 소유한 것에 대하여 감사하기보다 내게 없는 것 때문에 불평과 불만을 가질까, 어리석다. 나는 저 어린이들보다 거의 60년을 더 살았다. 그동안 저런 고생을 앓고 살았다면 얼마나 감사한 일인가. 그럼에도 거기에 대하여 감사를 몰랐다면 내 생명을 주장하시는 분에게 죄송한 일이다.

사진을 찍을 때까지는 4시간을 기다려야 한다. 나는 한쪽 구석에 앉아 준비해 간 책을 읽어 나갔다. 지금 생사를 걸고 투병하는 저 어린아이들에게 비하면 나는 참 많이 살았다. 이 시간마저도 감사하다. 육신의 연약함을 느끼지만 그래도 이런 시간에 감사한 마음으로 책을 읽을 수 있는 여유를 얻었다는 것이 감사하다. 그리고 얼마나 오래 사느냐가 한 사람의 생애에 있어서 그렇게 중요한 것이 아니지 않는가 하는 생각을 한다. 그렇다면 나는 나의 나머지 생애를 어떻게 살까.

기다리는 네 시간이 지루하다. 그러나 100년을 살아도 한 사람의 이 지상 생애는 짧다.

봄은 겨울을 거쳐서 온다

　우리 개념으로 3월은 봄에 해당한다. 그래서 춘삼월春三月이라는 말도 있다. 하순이 되면 어김없이 양지쪽에 서 있는 목련이 그 고아한 봉오리를 터트리고, 전철을 타고 가다 보면 옥수동 언덕에 개나리가 핀 것을 볼 수 있다. 봄이 왔다.

　그런데 영동지방에 눈이 내렸다는 소식이 전파를 타고 달려왔다. 좁은 땅에서도 이런 차이가 있다. 그래서 그런지 아침에 출근하려는데 선득한 느낌이 들었다. 벗어놓은 내복 생각이 났다. 청년 때에는 혹한기에도 내복을 입지 않은 것을 자랑으로 여겼는데 어느새 이렇게 되었다. 세월 앞에 드디어 나도 무릎을 꿇고 있는 것이다. 이 정도 가지고는 어림도 없다, 하면서 호기 있게 출근을 하려는데 아내가 불쑥 한마디 한다.

　"추우면 내복 입으세요."
　그러면서 내복을 찾아 내놓는다. 어떻게 내 마음을 눈치챘을까? 오래 같이 살다 보니 속마음도 자루 뒤집어 보듯 알아내는 걸까. 용의주도하기도 하다.

내가 괜히 "지금이 어느 땐데……" 하고 말끝을 흐리니까 "추우면 입는 것이지, 뭘 계절을 따지세요." 하면서 한마디 더 거든다.

"그렇지만 한 번 입고 벗어놓으면 세탁하기만 귀찮지 뭐." 했더니 "귀찮은 게 대수요? 사람이 살아야지." 하는 게 아닌가.

오늘 따라 아내가 왜 이렇게 고운 말만 골라서 하는지 모르겠다. 나는 사실 아내가 조금이라도 귀찮게 여길 일 같으면 하고 싶지가 않다. 내가 조금 참아서 될 일이면 참아 버리고 싶다. 실제로 그렇게 참는 일이 많다. 지금까지 고생길을 같이 걸어와 준 기간이 얼마인가. 미안해서라도 앞으로 가급적이면 고생을 덜 시키고 싶은 것이다. 그렇다고 속내까지 드러내면서 "내가 당신을 이렇게 생각한다오." 하는 뜻을 보여 주고 싶지는 않다. 젊은 날 객지로 나와서 오돌오돌 떨게 만들었던 생각을 하면 마음이 편치 않다. 그리고 그 고달픈 터널을 함께 잘 통과해 준 것이 고맙다.

젊은 날의 호기는 다 어디로 갔는가, 아옹다옹 다투기보다는 이해하고 싶어진다. 세월의 강물에 씻겨진 몽돌처럼 동글동글해졌는가, 혈기를 부리기보다는 참고 배려하는 게 차라리 마음이 편하고 때때로 져 주는 게 억지로 이긴 것보다 기쁘다. 돌아다보면 왜 그따위 것을 가지고 갈등했는가, 하는 후회할 일들도 많다. 쓸데없는 일에 정열을 쏟은 것이다.

세상만사에는 순리가 있는 법인데, 그렇다. 이제부터 조금 진지하게 살고 싶다. 나이들어 가면서 욕심이 많다는 이른바 노욕老慾을 피하고 노추老醜하다는 소리는 듣지 말아야 한다. 곱게 늙어간다는 소리를 듣고 싶다. 이제부터 작은 일, 적은 것을 더 소중하게 여기리라. 욕심보다는 만족, 원망보다는 감사의 삶을 살리라. 없는 것에 불평하기보다 주어진 것에 감사하며 살고 싶다. 주어진 환경에 만족하고 사소한 일에도 감사한다면 그것이 축복이 아니겠는가. 부질없이 욕심의 노예로 살기보다는 가난한 자유인으로 살고 싶다. 이웃에게 도움은 주지 못할망정 고통을 주어서야 되겠는가. 해를 끼치지 않으려고 애를 쓰면서 살고 싶다. 내 마음에 평화가 없는데 어떻게 평화를 부르짖으며, 내 가정 안에 봄이 오지 않았는데 어떻게 세상의 봄을 누릴 수 있겠는가.

봄이 오고 있다. 세상이 시끌시끌하고 무질서해도 계절은 어김없다. 그러나 그 봄은 반드시 눈보라 치는 겨울을 거쳐서 온다.

불쑥 찾아드는 가을

엊그저께는 여집사님 한 분이 탐스럽게 핀 노란 국화분菊花盆을 가지고 오시더니 오늘은 한 남집사님이 튼실한 감이 예닐곱 개나 달린 가지를 꺾어 가지고 왔다. 너무 예뻐서 가지고 왔단다. 갑자기 내 사무실에 불쑥 가을이 찾아든 느낌이다. 내 마음을 기쁘게 해주기 위해서이겠지만 내 정서에 녹이 슬지 말라는 뜻도 있을 것이다. 과연 두 분 집사님이 내 정서를 일깨워 주면서 기쁨을 선사했다.

가을의 꽃은 뭐니뭐니해도 국화다. 가을꽃 치고 청초하지 않은 것이 없지만 아무래도 남의 안방까지 들어와서 스스럼없이 같이 있으며 평안함을 주는 것은 국화요, 국화 중에서도 황국黃菊이다. 구절초는 향기는 좋지만 아무래도 서리가 하얗게 내린 후미진 산기슭에 피어 있어야 제격이고, 맨드라미는 장독대 곁에 피어 있어야 어울린다. 신작로 길섶에 길을 따라 줄줄이 피어서 때마침 불어오는 바람에 산들산들 흔들리는 코스모스는 그 어디에 피어 있는 것보다 운치가 있다.

그러나 국화는 어디에 피어 있어도 좋다. 그렇지만 화분에 담겨 방안으로 들어오면 그 향기와 자태가 은근하다. 장미처럼 화사하지 않으니 요염하지도 않다. 정결하면서도 넉넉하다. 선비의 기품도 있고 필부필부匹夫匹婦를 품을 수 있는 너그러움도 있다. 오죽 잘 알아서 옛 사람들이 사군자四君子의 하나로 쳤을 것이며 시인묵객들이 이 국화를 화폭에 담고, 노래하며, 국화차를 만들어 마시고, 국화주를 담아 마셨을까.

국화분을 보면 면앙정俛仰亭 송순宋純이 명종 임금이 보낸 국화분을 보고 지어 올렸다는 시조, "풍상風霜이 섞어친 날에 갓피온 황국화黃菊花"가 생각나고, 근래의 시詩로는 미당未堂 서정주徐廷柱 님의 「국화 옆에서」가 새삼스럽게 그리워진다. 그 시를 줄줄 암송하면서 마치 시인이나 된 듯이 예민했던 시절의 "내 누님같이 생긴 꽃". 잘 알지도 못하면서 그 꽃 한 송이를 피우기 위해 봄부터 소쩍새는 그렇게 울고, 천둥은 먹구름 속에서 또 그렇게 울었나 보다고 읊은 시인의 마음에 얼마나 감동했던가.

국화가 꽃으로 가을을 대표한다면 열매로는 단연 감이다. 아무래도 감은 가을의 과실이면서 계절을 통틀어 우리나라를 대표하는 과실이 아닐까 싶다. 웬만한 집이면 울안에 한두 그루의 감나무를 심어 놓고 봄에는 감꽃의 향기에 취하고 가을에는 익어가는 열매를 보면서 마음의 넉넉함을 얻지 않는가. 찬바람이 불면서 가을이 깊어지면 잎사귀를 다 떨어뜨리고 맨 가지에 닥지닥지 감만 붙어 있다. 그 모습은 가히 열매라기보다는 꽃이다.

나는 개인적으로 감을 보면 돌아가신 어머니가 생각난다. 그렇게도 감을 좋아하셨는데 나는 만족하게 대접해 드리지 못했다. 끝내 한으로 남았다. 노계蘆溪 박인로朴仁老의 시조를 읽으면 가슴에 눈물이 고인다.

> 반중盤中 조홍감[早紅柿]이 고와도 보이나다
> 유자柚子 아니라도 품음직도 하다마는
> 품어가 반길 이 없을 새 글로 설워하나이다

박인로가 한음漢陰 이덕형李德馨의 집에 갔을 때 접대로 내놓은 감을 보면서 돌아가신 어머니를 생각하고 지은 것이다.

단감은 그냥 나무에서 따는 대로 먹어도 좋지만 단지에 넣어 두었다가 한겨울에 얼은 것으로 먹는 맛이 더욱 좋다. 껍질을 벗겨 말려서 만든 곶감은 별미 아닌가. 그러나 먹기보다 가지째 꺾어온 감을 벽에 걸어놓으면 꽤 오래도록 가을을 방에 모셔두고 살 수 있다. 창백한 날 감나무 가지 끝에 달린 까치밥을 보라. 우리 민족의 넉넉함과 여유의 표현이다.

두 분 집사님 덕에 올가을은 방안에서 가을 정취를 만끽하게 되었으니 이만한 호사면 더 부러울 게 무엇인가. 가을이 내 안에서 익어가고 있다.

곱게 늙고 싶다

　따끈한 목욕탕 물에 몸을 담그면서 자연스럽게 "아, 시원하다." 하는 말이 나올 정도가 되면 이미 나이가 든 징조라 했다. 그 뜨거운 물이 시원하게 느껴진다니 이미 몸은 젊음을 벗어났다는 표현을 그렇게 하고 있는 것이다.

　어쩌랴, 흐르는 세월을 붙들어 맬 수도 없고, 그렇다고 거역할 수도 없으니 따라가는 수밖에 없다. 조금이라도 덜 늙어 보이려고 애쓰는 사람들을 비난하고 싶은 마음은 없지만 한계가 나타나는 모습을 보면 안쓰러운 생각이 들기도 한다. 자글자글 주름진 얼굴에 화장 진하게 한다고 누가 곱다고 하겠는가. 발악을 하고 있다고 속으로 생각하지 않으면 다행이지 싶다.

　그래도 나는 곱게 늙어가고 싶다. 그러려면 차라리 변화에 순응하는 것이 나을 성싶다. 그 방법으로 맨 처음 생각할 것은 마음가짐이다. 가급적 담담해야 할 것 같다. 세월이 흘러 나이를 먹고 피부가 꺼칠해지면서 어느 누가 아쉬워지지 않겠는가. 그래도 초조해하거나 매사에 민감해하기보다는 그러려니 하는 마음으로 조금은 둔하게 살아야 할 것 같다. 그것이 넉넉한 마음이다. 사실 따지고 보면 사람이 무엇을 의도적으로 고쳐서 늙어가는 것을 막을 수 있겠는가. 그것도 젊어서 말이지 나이가 들어가면 모든 게 힘들어지고 어려워지기 마련이다. 이럴 때 발버둥친다고 되는가. 순응하면서 마음가짐을 다잡아야 할 것이다. 피부가 탄력성을 잃으면 그러려니 하고, 세상이 지난날보다 빠르게 변하면 그러려니 하면서 거기에 뒤떨어지고 싶지 않으면 공부하면서 공부의 재미를 살리면 오히려 세상살이가 흥미로울 수도 있지 않을까. 내가 아는 한 사람은 70세에 정년 은퇴를 하고 그 나이에 영어 회화를 공부하고 있다. 다 늙어서 그걸 언제 써먹으려 하는지. 본인은 그동안 바빠서 못 배운 것에 도전하는 재미가 있다고 했다. 이를 누가 말리랴. 부도덕한 일도 아니고 본인이 흥미를 가지고 배운다는데 말릴 이유가 없다. 그 자세가 얼마나 존경스러운가.

늙었으니까 사람들이 조금의 실수는 봐주겠지, 조금 염치없는 짓을 해도 이해하겠지, 하는 생각은 버려야 한다. 남들은 그렇게 생각할지라도 본인은 그런 생각으로 살면 안 된다. 요즘 젊은이들의 사고가 어르신들의 늙음을 무슨 훈장으로 여기지 않을 터이다. 길을 건너야 할 때 신호등이 아직 바뀌지 않았는데 길로 뛰어드는 것을 보면 솔직히 노인네가 무엇이 그렇게 바쁜가 하는 생각이 들 것이다. 염치없는 행동을 보고 그 나이 먹도록 무얼 배우셨나 하고 비아냥대지 않으면 다행이다. 나이든 분들이 요즘 젊은이들의 행동을 보고 혀를 찬다면 젊은이들이 어르신들의 무질서를 보고 얼굴을 찡그리게 하는 행동을 해서는 안 될 일이다.

욕심을 절제해야 한다. 노욕처럼 추한 것이 없다. 음식도 적당히 먹고 이권利權이 있는 곳에서도 과욕을 부리지 말아야 한다. 아무리 이권이 걸린 일이라 해도 명예를 손상하는 일에는 절제해야 한다.

존중을 받으려면 칭찬은 하되 남의 흉을 보는 일은 금해야 한다. 남으로부터 대접을 받았으면 당연한 것으로 여기기보다는 나도 대접할 기회가 생겼을 때 흔쾌히 대접할 줄 알아야 노랭이 소리를 듣지 않는다. 그래야 친구도 따른다.

특히 노년에 남과 나눌 수 있다는 것은 얼마나 행복한 일이며 더구나 베풀 수 있다는 건 얼마나 큰 축복인가. 노년에 왜 용돈이 필요한가. 손자들에게 과자 사주는 데도 필요하겠지만 친구나 젊은이들과 어울리게 되었을 때, 이 좋은 기회를 놓치지 않고 대접할 수 있다면 자신의 품위를 지키는 사람이 된다. 때로 사람은 작고 별로 시답지 않은 일에서 인정도 받고 돋보일 수도 있다.

외모도 그렇다. 화려할 필요는 없지만 아름다움을 포기한 듯 후줄근하게 입고 다닐 이유도 없다. 곁에 있는 사람을 배려할 줄 알아야 한다. 젊은이들이 늙은이를 싫어한다고 지레 겁을 먹지 말고 목욕을 자주 하는 것이 좋다. 말을 많이 하는 것이 칭찬 받을 일은 아니라 할지라도 입을 꾹 다물고 있는 것이 능사는 아니다. 꼭 해야 할 말은 해야 하는데 간단명료하여 남들이 이해하기 쉽게 할 수 있다면 다행이다. 어쨌든 나이든 분의 장광설은 자칫 늙은이의 잔소리로 들릴 수 있다는 사실을 명심하는 게 좋다.

젊은 사람들이 스마트폰과 같은 신종 기기를 자유자재로 사용하는 것을 보고 멀거니 바라보기만 할 것이 아니다. 그보다 더 복잡한 기기가 나와도 배워서 할 수 있다면 젊은이들도 나를 뒷방 늙은이로 보지 않고 신식 할아버지라고 존대할 것이다.

늙어가는 것을 아쉬워하기보다 줄어드는 생을 오히려 즐기려 하는 태도로 산다면 훨씬 아름답지 않을까. 기왕에 늙어가는 것 피할 수도 없는 일이고 또한 혼자 살 수도 없는 세상이라면 더욱 곱게 늙어가야 한다. 내 품위는 내 스스로 어떻게 지켜 나가느냐에 달려 있으리라.

가을이 좋다

　4계절이 모두 나름대로의 특색이 있어 우리에게 정신적인 깨달음을 준다. 나는 여름철에서 열정을, 겨울철에서는 냉철을 배운다. 그런 요소들이 우리의 삶에 필요하기 때문에 매우 유익하다. 그러나 유익한 것하고 내가 육신적으로 겪는 고통하고는 별개의 문제다. 여름은 너무 더워서, 겨울엔 지나치게 추워서 힘들다. 겨울과 여름 사이에 끼어 있는 봄과 가을이 그래서 좋다. 정확히 말하면 두 계절이야말로 지나기가 괜찮다. 더러 모든 계절이 봄이나 가을 같았으면 좋겠다는 엉뚱한 생각이 드는 것도 그런 이유에서다. 그러나 세상만사가 어디 내 욕심대로 되던가. 인생이란 모름지기 어려움을 만나고 또 그것을 극복하는 삶이라 해도 과히 틀리지는 않을 것이다. 그리고 그런 정신으로 고난을 극복하고 견디어냈다면 승리의 인생을 살았다고 선포해도 될 것이다. 참아야 할 때 견디며 참고, 극복해야 할 때 참으면서 이겨나가는 데서 인생의 참맛을 알고 보람도 얻는다고 봐야 한다. 사실 밋밋한 인생 여정에 무슨 재미가 있겠는가.

　인생을 무슨 재미로 사는 것이냐고 항변할 사람이 있을지 모르지만 재미를 무시하고 또 어떻게 인생을 논할 수 있는가. 실패의 쓴맛도 보고 어떤 목표를 세워 놓고 거기에 도달도 하면서 적어도 소설이나 연극처럼 기승전결 같은 요소들이 있어야 하지 않을까 하는 생각도 든다.

나는 여기서 내가 지나기 좋은 두 계절, 봄과 가을을 나름대로 비교하면서 내가 더 좋아할 수 있는 이유를 가을에서 찾아보고자 한다. 봄은 우선 생각하면 햇빛의 계절이다. 혹독한 추위를 맛보았으니 자연스럽게 햇빛의 따스함을 그리워할 것이다. 동토를 밀고 나오는 새싹이나 겨우내 잠든 듯이 서 있던 수목들이 새 잎을 내는 것은 햇빛의 역동적인 영향 아니겠는가. 그래서 봄은 둔해진 영혼에 소망을 일깨워 준다.

우리에게 소망이 있다는 것은 얼마나 행복한 일인가. 기대할 것이나 소망이 없다는 것은 실로 비참한 일이다. 지금의 처지와 형편이 비록 곤욕스러워도 멀리 바라보며 꿈을 꾸고, 위를 보며 기대 속에 산다는 것은 얼마나 아름다운가. 그 아름다움이 봄에 있다. 그래서 이른봄에 돋아나는 새싹을 유심히 보는 사람에게 행복이 있고 창공을 나는 새들을 바라볼 수 있는 사람에게 기쁨이 찾아든다.

그러나 가을은 달빛의 계절이다. 무더운 계절을 지났기에 우리의 몸도 마음도 식히기를 원한다. 열정으로 타올랐던 나무들도 그 정열을 식히고 싶을 것이다. 그래서 벗고, 잎사귀들은 낙엽이 되어 제 발밑을 덮으려 든다. 그래서 봄과 여름이 성장의 계절이라면 가을은 깊이 자신을 돌아보는 성숙의 계절이다. 우리는 물론 성장해야 하지만 성숙은 더욱 필요하다. 뜨겁게 내지르는 행동도 필요하지만 자신을 돌아볼 줄 아는 숙고는 더욱 필요하다. 그런 이유로 찬란한 햇빛 앞에 서야 하지만 그윽한 달빛 아래서 자신을 정돈하는 것은 더욱 중요하다. 자기를 바르게 알지 못하고 남만 헐뜯는 태도는 얼마나 창피한 일인가.

나는 지금 계절로 치면 가을에 접어들고도 한참을 지난 생을 살고 있다. 그래서인지 가을이 좋다. 곧 겨울에 들면 어느 날 차갑게 심장이 멈출 때가 올 것이다. 그러나 그렇기 때문에 내 인생을 절망에 넘겨주고 싶지는 않다. 나는 지금껏 살아오면서 새로운 세계를 만나기 전에 언제나 두려움과 흥분을 느끼지 않은 때가 없었다. 가령 처음으로 학교에 입학할 때도 두려움과 흥분이 겹쳤고, 결혼하여 새로운 인생을 시작할 때도, 대도시로 이사할 때도, 새 집을 마련하여 입주할 때도 그랬다. 하다못해 소풍을 가기 전날 밤에는 두근거리는 흥분 때문에 잠을 설쳐야 했다. 지금도 여전하여 만약에 낯선 곳을 방문한다거나 여행할 일이 생기면 불안하고 흥분도 된다. 이 생을 마치면 새로운 생이 전개될 것이다. 얼마나 두려우면서도 흥분되는 일인가. 앞에 이루어질 일을 두고 두근거리는 마음으로 살 수 있다면 행복하다고 생각한다. 나는 매일을 그렇게 살고 싶다. 어떻게 보면 우리의 일상이 다람쥐 쳇바퀴 도는 것 같은 생활이지만 마음먹기에 따라 매일 새롭게 살 수도 있다. 만약 인생에 대해서, 사랑에 대해서, 그리고 사물에 대해서 사색을 하면서 새로운 기대를 버리지 않고 오솔길을 걸을 수 있다면 매일 새로운 세상을 만날 수 있으리라. 나는 그런 꿈을 꿀 수 있는 가을이 그래서 좋다.

금년에도 가을이 나를 이끈다. 내가 가을을 좋아하기 전에 가을이 먼저 나를 사랑하는 것 같다. 언제나 가을에 머물고 싶다. 나를 사랑해 주는 가을에.

가족

　격년으로 받는 건강검진을 받으라는 당국의 독촉을 두어 차례 받고 마치 누구를 위하여 받는 것처럼 검진을 받았다. 참 좋은 세상이 되었다. 내 건강을 위하여 나라가 걱정해 주는 세상이 되었으니 말이다. 나는 바쁜 일정 때문이기도 하지만 정확히 말해서 그것은 핑계에 불과하고 몸이 게을러서 이런 일에 선뜻 나서지 못하는 성품이다. 일단 귀찮다. 이번에도 차일피일 미루다가 한 해가 다 가는 즈음에야 겨우 병원을 찾았다. 내가 평소부터 잘 아는 원장님은 이번 검진받는 김에 위와 대장도 검사해 보라고 권했다. 2,3년 전에 내 대장에서 용종을 많이 떼어낸 분이라서 권유하는 것이고 아내도 오래전부터 혹시 모르니 어서 검사해 보라고 독촉을 하고 있는 중이었다.

　검사를 하고 나니 잘했다는 생각이 들었다. 위를 검사해 보니 염증이 있고 대장을 보니 용종이 아홉 개나 있어 제거했다고 했다. 원장님은 용종은 다 제거했지만 그중에 세 개는 너무 커서 떼어낸 자리에서 출혈이 있을 수 있으니 2,3일 입원하는 것이 좋겠다고 했다. 나는 괜찮다고, 그만 나가겠다고 했더니 이번에는 아내가 나의 퇴원을 발벗고 막는 것이었다. 병원에 가면 의사 말을 들으라고 하고는 왜 그러느냐고 다그

쳤다. 내가 평소에 설교 중에 한 말을 들이대고 있는 것이었다. 나는 성도들에게 "교회에 오면 목사의 말을 듣고, 병원에 가면 의사의 말을 듣고, 가정에 들어가면 가장의 말을 들어야 한다."고 가르치곤 했었다.

나는 내 의지를 꺾고 입원하기로 했다. 단, 3일은 너무 길고 하루 동안만 추이를 본 다음 퇴원하기로 타협을 했다. 이야기는 거기서 끝나지 않았다. 내가 입원했다는 소식을 듣고 아들 내외가 곧 오겠노라고 했다. 나는 유선상으로 일언지하에 오지 말라고 했다. 바쁜 아이들이 이런 일 가지고 올 필요 없다고 단호하게 막은 것이다. 그랬더니 며늘아기가 제 시어머니에게 전화를 해서 꼭 가게 해 달라고 울면서 애원하듯 하더라는 것이었다. 이를 어떻게 막을 수 있는가. 찾아온 아이들에게 큰일도 아닌데 바쁜 아이들이 찾아오느냐고 내가 말했더니 며늘아기가 이런 때 안 오면 언제 와야 하느냐고 섭섭해했다. 이제는 내가 달래야 했다. "아가, 나는 매일 네가 보고 싶다. 그렇지만 이런 사소한 일로 찾아다니는 것은 번거로운 일이라서 그런다."

아들 내외는 치료 내용을 듣고 편한 마음으로 앉았다 돌아갔다. 아이들이 자기들도 가족의 일원인데 찾아오지 말랬다고 소외감을 느낀 것일까?

나는 외아들을 두었다. 그리고 결혼시킨 후에 분가시켰다. 요즘 풍습이 부모와 같이 사는 것이 서로 불편을 느끼는 일이라 해서 그렇게 했다. 역시 하나인 자식마저 떠나니 처음엔 집 안이 휑하다는 느낌이 들더니 살아보니 그리운 건 사실이지만 자유스러운 데도 있다.

아들 녀석이 결혼 전에 며느리 될 아이와 약속을 했다고 했다. 부모를 모시는 것이 결혼 조건이라고. 우리 아이는 적어도 자식이라면 부모를 모시는 것이 도리라고 안 것이다. 얼마나 고마운 마음인가. 그러나 우리는 우리 스스로 살 수 있을 때까진 함께 살지 않겠다고 선언을 했다. 아직 풀기가 있는데 너희들 부자유스럽게 하고 싶지 않다고 했다. 단, 나중에 많이 늙는다든지 중병이 들면 모르겠다고 했다. 사람이 내일 일을 두고 어떻게 큰소리칠 수 있겠는가.

아내가 이참에 며느리를 불러 말했다고 했다. "내가 먼저 세상 떠나면 네 아버지는 너희가 돌보아라. 그러나 아버지가 먼저 돌아가시면 나는 너희와 같이 살지 않으련다." 그랬더니 며느리가 펄쩍 뛰더란다. "무슨 말씀을 그렇게 하셔요. 우리가 모실 거예요." 듣기 싫은 반응은 아니지만 우리 내외는 아이들에게 무거운 짐이 되고 싶은 마음은 추호도 없다. 옛 어른들이 "장병에 효자 없다."면서 "자식 효자 만들려면 건강해야 한다."고 하더니 정말이다. 내가 건강해야 자식들에게 폐가 되지 않는 것이다. 우리는 자신을 위해서는 물론, 자식들을 위해서라도 건강해야 한다.

이렇게 병원 신세라도 지니 가족끼리 진지한 대화를 나눌 기회가 생긴다. 좋은 일에만 가족이라고 내세우는 것은 바람직하지 않다. 오히려 어려운 일을 만났을 때 가족의 귀중함을 드러낼 수 있어야 한다. 역시 가족은 소중한 관계다.

이인삼각 二人三脚

이인삼각二人三脚. 두 사람이 나란히 서서 맞닿은 쪽의 발목을 같이 묶고 함께 뛰는 경기다. 그렇게 되면 한 사람의 오른쪽 발과 다른 사람의 왼쪽 발이 묶인다. 사람은 둘이지만 발이 셋이라는 이름의 경기다. 처음 시작해 보면 그게 생각보다 쉽지 않다. 더구나 상대 팀보다 빨리 목표 지점에 도달하거나 반환점을 돌아와야 하는 경기다. 자연히 서둘러지는데 그러면 넘어지기가 쉽다. 보조를 잘 맞추고 뛰어야 한다. 서두르기보다는 호흡을 맞추는 것이 우선이어야 한다.

누구나 결혼을 하여 두 사람이 부부의 인연을 맺었다면 무엇보다 서로 보조와 호흡을 맞추는 훈련부터 시작해야 한다. 어떻게 생각하면 부부생활이란 두 사람이 한 팀이 되어 승부를 가리는 운동경기와 흡사하다. 개인 경기는 혼자 잘하면 된다. 그러나 단체 경기가 어디 혼자만 잘해서 이길 수 있던가. 어떤 면에서 단체 경기는 개인의 실력보다 팀워크가 더 중요하다. 호흡이 잘 맞는 것이 유리할 때가 많다. 복식 탁구나 정구, 배드민턴 같은 경기가 그렇다. 실력이 아주 좋아도 두 사람의 호흡이 맞지 않으면 이길 수 없다. 그러므로 연습을 하면서 호흡을 맞춰가야 한다. 짝의 마음을 빨리 읽어야 하고 눈빛만 보아도 마음을 알아낼 정도가 되어야 한다.

　우리 부부의 이인삼각 경기는 꽤 오래 지속되어 왔다. 환갑 넘기가 어려웠던 지난 세대라면 우리는 지금 너무 오래 살아서 미안할 정도의 나이다. 서로 발 묶고 걸어온 길이 결코 짧지 않은 것이다. 어떻게 생각하면 큰병으로 고생하지 않고 여기까지 왔으니 복을 받았다고 하겠지만 한편으로 생각하면 꼭 그렇지만도 않은 것 같다. 서로 한쪽 발목을 묶고 뛰는 것이 불편해서 풀어 버리고 싶을 때도 있었기 때문이다. 다시 말하면 우리의 이인삼각 경기는 서툴렀다는 얘기가 된다. 처음에야 서로 발목을 묶는다는 것이 얼마나 흥분될 일이었던가. 행복이란 것이 바로 이런 것이구나 하고 생각할 정도였다. 그러나 세월이 지나면서 차츰 이것이 우리를 서로 얽어매는 것이 아닌가 하는 느낌을 주기 시작했다. 어떤 때는 내가 이렇게 가다가는 뒤처지는 게 아닌가 해서 뛰고자 하는데 아내가 따라주지 않았다. 아내가 뛰고자 할 때 내가 따라주지 않았을 때도 물론 있었을 것이다. 내가 걷고 싶은데 상대방이 서두르는 경우도 있었다. 그러면 서로가 지쳤다. 자연스럽게 불협화음이 나올 수밖에 없었다. 그럴 때면 이 발목의 끈을 풀어 버릴까 하는 생각이 나기도 했다. 그렇지만 그것을 푸는 것은 곧 헤어지는 것이다. 참아야 했다. 아마 아내는 나보다 더 참았을 것이다. 며칠 동안 대화를 가지지 못할 때도 있었다. 그러고 나서 서로 타협하고 조율할 수밖에 없었다. 부부 생활이 찬란한 햇빛이 쏟아지는 창가에 앉아 달콤하게 커피를 마시는 기분만은 아니었다. 참기름의 고소한 냄새가 풍기는 분위기만은 아니었다.

그런데 중년을 넘기면서 걸음이 조금 느긋해지기 시작했다. 상대방의 마음을 이해하기 시작한 것은 얼마나 다행인가. 상대방이 고집을 부리면 그것을 꺾고 싶은 것이 아니라 측은한 생각이 들어 그 뜻을 들어주어야 마음이 편해졌다. 혼자 사는 것이 얼마나 쓸쓸한 일인가. 홀가분하다는 말은 외롭다는 말도 된다. 사람은 부대끼면서라도 같이 있어야 행복한 존재다. 그 외롭고 허전함을 아내가 해결해 주었다. 오죽했으면 하나님께서 아담에게 돕는 배필을 지어 주셨을까. 혼자 사는 모습이 좋지 않게 보였다고 했다.(창 2:18) 그래서 여자를 만들어 주고 한몸을 이루라고 했다. 벌거벗어도 부끄럽지 않은 관계는 그래서 부부밖에 없다.(창 2:24-25) 한몸이로되 아내는 남편을 돕는 사람으로 자신을 인식하고 남편은 스스로 부족하기 때문에 아내의 도움이 필요한 존재라고 인식만 한다면 서로 돕고 배려할 수 있지 않겠는가. 그것을 우리는 중년이 넘어서야 겨우 체득하게 되었다.

지금 해가 오후 서너 시쯤에 걸려 있는 것 같다. 우리가 서두르지 않아도 해는 계속 내려앉을 것이다. 그렇다면 이 나이에 무얼 서두르겠는가. 천천히 걸어야 한다. 발목의 끈을 풀지 않은 것을 감사하면서 걸으면 된다. 욕심 부릴 것도 없다. 하나님께서 이제 그만 발목의 끈을 풀어라 명하시는 날이 우리가 헤어지는 날이다. 그날까지 보조를 맞추어 걸으면 완주한 인생이고, 성공한 인생이 될 것이다. 뜬구름 잡으려고 애썼던 지난날들을 때때로 뒤돌아보면서 묵묵히 앞을 향하여 걷는 것도 우리에게 주어진 행복이지 싶다. 우리 부부의 이인삼각 경기는 지금도 진행형이고 이제는 아주 익숙한 놀이일 뿐이다.

합의

최근 우리 부부는 희한하다고 할 만한 합의를 하나 했다. 세월이 조금씩 우리의 인생을 갉아먹으면서 늘어나는 것은 나이뿐이다. 자연스럽게 죽음에 대해서 이야기를 나누게 된다. 우리는 언제 세상을 떠나게 될까? 이런 생각은 사실 기분 나쁘게 들릴지 모르지만 나이가 들면서 남의 얘기 또는 강 건너 불 같은 일로 치부하며 살 수는 없다. 오죽했으면 서양에 "죽음은 원수같이 싫지만 친구처럼 찾아온다."는 속담이 있을까. 싫다고 거절할 수도 없고 도외시하며 살 수도 없는 것이 죽음이다. 진정 원수 같을지라도 어느 날 친구처럼 맞아들여야 한다.

어떤 부부가 해로偕老를 싫어할까. 예전에는 거의 모든 신랑, 신부가 결혼식장에서 주례 선생님으로부터 "검은 머리 파뿌리 되도록 해로하라."는 덕담을 들었다. 해로가 무엇인가, 늙기까지 헤어지지 말고 살라는 뜻이다. 그러나 이 말을 자세히 들여다보면 그럴 수도 있지만 이 땅에서 영원히 살라는 말이 아니다. 살만큼 산 다음 헤어지라는 말이 된다. 그것이 이 땅에서는 축복이다.

아무리 정이 좋아도 살 만큼 살면 헤어져야 한다. 먼저 가고, 나중에 가는 차이가 있을 뿐이다. 어떤 사람들은 죽음도 같이 하자고 동반자살을 감행하는 경우도 있지만 그것은 사랑의 행위가 아니다. 섭리를 거역하는 비극일 뿐이다. 성경에 의하면 죽음이란 죄인에게 내려진 형벌이다. 결코 같이 죽는 것이 낭만도 아니고 바람직한 일도 아니다. 사람은 스스로 태어나고 싶어서 태어나지 않았기 때문에 세상을 떠나는 것도 섭리에 맡겨야 한다. 실로 아무리 다정한 부부라도 한 날, 한 시에 죽는 것은 비극이다. 전염병에 의해서 또는 사고를 만나서 같은 시간에 죽을 수 있다. 그렇지만 그것을 장려할 수 있는가. 비극이다. 어차피 우리는 혼자 태어났으니 개별적으로 떠나야 한다. 그래서 인생이 외로운 것이긴 하지만 그렇다고 죽음 자체를 불행으로만 여길 것도 아니다. 내세를 믿고 천국에 대한 소망이 있는 사람은 그것이 천국으로 들어가는 관문일 뿐이다. 새로운 관문을 통과하려면 어떤 관문이든 낯설기는 마찬가지다.

학교에 처음 들어갈 때도, 남의 나라를 방문할 때 입국 절차를 거치는 것도, 결혼하여 새 가정을 이루는 것도 모두 첫 관문이다. 이런 관문을 통과할 때는 누구나 설레는 마음도 있지만 어색하기도 한 것이다. 하물며 이 세상의 삶을 정리하고 새로운 세계로 들어가는 관문이 가볍게 이웃집으로 나들이 가는 정도는 아니지 않겠는가.

그래도 소망이 있는 사람 중에는 자신의 장례식 때 슬픈 장송곡을 부르지 말고 행진곡을 불러 달라고 한 사람도 있다. 행진하듯 천국에 입성하겠다고 하는 그의 신앙에 경의를 표하지 않을 수 없다. 그렇지만 신앙과 정서는 같지 않다. 아무리 돈독한 신앙을 가졌다 할지라도 이 세상 삶을 정리하면서 그동안 끈끈하게 누렸던 가족 관계를 끊어야 한다는 일이 즐거울 수 있겠는가. 설령 정이라고는 눈곱만큼도 없이 원수처럼 살았다고 푸념하는 부부일지라도 헤어짐 앞에서 유쾌할 수는 없다. 하물며 두터운 정을 나누며 살았던 부부가 어느 날, 하나는 떠나고 하나는 남는다는 것이 어찌 슬픔이 아니겠는가. 며칠 동안 출장 때문에 집을 비운다고 해도 집에 혼자 남아 있어야 할 사람은 섭섭한 것이고, 심지어 저녁에 돌아올 줄을 알면서도 아침에 출근하는 사람을 보내면서 아쉬운 것이 부부다. 하물며 이 땅에서는 다시 볼 수 없는 이별을 하는데 어찌 서럽지 않을 수가 있겠는가.

그래서 서럽다. 서러워서 울 수밖에 없다. 먼저 떠난 사람을 위해서 운다. 그러나 정확히 말하면 먼저 떠난 사람을 위해서 우는 것이 아니라 혼자 남는 자신을 위해서 우는 것이다. 장례식 때 우는 사람이 무슨 말을 하며 우는가. 대부분 "나 혼자 어떻게 살라고."이다. 그렇다. 내 설움에 우는 것이다. 상대방을 보내고 혼자 남는 것이 힘들거나 두려워서 운다. 앞으로 좋은 일을 만나도 그 기쁨을 같이 하지 못하는 것이 슬픔이고, 궂은 일을 만나도 같이 하지 못하는 외로움이 고통이 된다. 이 슬픔과 고통은 고스란히 남아 있는 사람의 몫이다. 이것을 누가 겪어야 하는가. 흔히들 남편을 먼저 보내고 아내가 홀로 남으면 그런대로 가꾸며 살지만 아내를 먼저 보내고 남편이 혼자 남으면 추레하고 초췌하다고들 한다. 그렇기 때문에 남편이 먼저 떠나야 한다고 하는 사람들이 많다. 그러나 이 또한 얼마나 이기적인 발상인가. 홀로 남아서 겪는 여자의 고독과 고통을 조금이라도 생각한 말인가. 아니다.

그래서 우리 부부는 진지하게 논의한 끝에 내가 나중까지 남겠다고 했다. 나 없이 홀로 측은하게 사느니 당신이 먼저 천국에 가서 안식하고, 당신이 당할 외로움과 그리움과 슬픔은 내가 짊어지고 조금 더 살다 가겠노라고 아내에게 말했다. 아내가 기꺼이 그렇게 하자고 동의해 주었다. 모처럼 부부가 합의를 도출해 낸 것이다. 그런데 문제는 우리의 합의를 하늘이 그대로 결재해 줄 것인가이다. 할 수 있다면 떼를 써서라도 관철시키고 싶지만.

한 집에서 같이 살면서 어느 때는 한 눈을 지그시 감아주어야 할 때도 있었고, 어떤 때는 못들은 척 귀를 막고 살기도 했지만 그러나 살아가면서 형성된 정을 어떻게 할 것인가. 떠난 이후 감당해야 할 고통은 그래도 내가 짊어지는 것이 옳을 것 같다. 그동안 다른 일로 행복하게 해 주지 못했으니 이것만은 내가 짊어져 주는 것이 아내에게 베풀 수 있는 최선의 배려요, 예절일 것 같다. 누가 혼자 남아서 오래 살고 싶으랴. 곧 뒤따라가는 것이 좋을 듯하다. 아내 뒤를 곧 따르고 싶지만 그러나 이 또한 하늘의 결재가 필요한 사항. 결국 내가 내 인생을 산다고 큰소리를 치지만 내 마음대로 안 되는 일이 많다.

어깨동무하고 갑시다

진부한 표현으로 한다면 세월은 유수流水와 같지요. 그러나 요즈음의 표현으로 하면 광속光速이라고 해야 맞을 것 같습니다. 까마득하게 느껴졌던 정년이 코앞으로 다가온 시점에서 당신에게 공개적인 편지를 쓰려 하니 쑥스럽기도 하고 민망한 마음도 듭니다. 내가 큰 재능도, 은사도 없이 목회전선에 든 것이 30년을 훌쩍 넘겼습니다. 이제 금년에는 제도가 은퇴를 종용하는 때가 되었습니다.

그동안 나는 누가 뭐래도 행복했습니다. 큰 욕심을 부리지 않아서였는지 모르겠지만 큰 어려움도 없었습니다. 생각해 보면 그동안 주일 한 번 거르지 않고 강단을 지켰고 외부로 나가지 않는 한 새벽기도회, 수요예배, 금요심야기도회를 빼먹지 않고 인도할 수 있었습니다. 건강이 허락지 않았으면 할 수 없는 일이었고 환경적인 여건이나 성도들의 도움 없이는 있을 수 없었던 일이었습니다. 이 모든 것을 가능케 한 것은 물론 하나님의 은혜요, 도우심이었습니다. 그중에 뺄 수 없는 것은 당신이 내 곁에서 버티어 준 덕택이었음도 고백합니다. 그렇습니다. 당신이 옆에서 돌보아 주지 않았더라면 내 목회생활을 이렇게 탈 없이 마무리할 수는 없었을 것입니다. 이 자리에서 고맙다는 인사를 먼저 하는 것이 도리일 것 같습니다.

　자신의 자질로는 어림없다며 처녀 시절에 목회자 될 사람하고는 결혼을 않겠다고 버티던 당신이 의외로 나를 택했습니다. 어느 모로 보나 나는 목회자가 될 사람은 아니었을 겁니다. 그런데 세상 살아가는 법에 무능한 나를 만나서 얼마나 힘들었을 것이며, 뜬금없이 내가 신학을 공부할 때는 얼마나 한심했습니까? 곰을 피하려다 호랑이를 만난 격이 되었다고 할까요, 아니면 호랑이를 피하려다 곰을 만난 격이라 할까요. 그 많은 목회자와 목회자 후보생들의 중매를 뿌리치고 목회자가 안 될 것이라고 생각해 선택한 내가 결국 목회자의 길을 가겠다고 나섰으니 얼마나 황당했나요. 어쩔 수 없이 당신은 하나님의 뜻으로 받아들였고 목회자보다 힘든 사모의 길을 걸어왔습니다. 유능한 목회자는 사모님을 힘들지 않게 하겠지만 나는 그렇지 못했습니다. 개척교회 시절, 단둘이 건물 2층을 세로 얻어 드니 홀어미 해산한 것 같았습니다. 그래도 예배 처소가 마련되었다는데 마음이 뿌듯했던 일. 그러나 장차 교회를 힘들지 않게 하겠다는 생각으로 하나만 둔 자식을 키우는 일조차 힘겨웠던 경제 사정, 이제 돌아보니 꿈 같은 세월이요, 환경이었습니다.

　도무지 세상살이에 부적합하여 시장에 돈 들고 가서 물건 하나 사올 줄도 모르고 집 안에서는 벽에 못 하나 박을 줄 모르는 내가 목회를 한답시고 가정사는 아무 것도 돌보지 않을 때 얼마나 답답했습니까? 매일 조반을 들면 교회로 출근하고 설날이니 명절이니, 법정 공휴일이니 하는 날도 교회에 가 있는 나에게 속된 표현으로 무슨 인간미가 있었겠습니까. 남들이 찾아 쉬는 안식년도 나는 없었습니다. 그래도 목회에 충실하다고 여겨주고 참아준 것을 어찌 내가 잊겠습니까. 그 흔한 자가용 한 대도 가져보지 않고 그 흔한 야외에도 단둘이 떠나본 적 없으니 이 얼마나 삭막한 생활을 한 것일까요. 이게 무슨 자랑인가, 내 고집대로, 내 주장대로 살았습니다. 돌이켜보면 염치도 모르는 삶이었습니다.

그럼에도 당신은 내 인격과 성실성을 믿어주었고 외부에서 날아오는 어떤 화살도 막아주려고 애썼습니다. 아마 그런 화살을 맞아 표시가 나는 것이었더라면 당신의 몸은 이미 만신창이가 되었을 것입니다. 서로 의견이 달라 언쟁을 했을 때도 밖에 나가서는, 우리 목사님은 처음 만났을 때나 지금이나 한결같다고 칭찬을 했습니다. 행여라도 나의 목회에 누가 될까 봐 마치 살얼음판이나 지뢰밭을 걷듯 조심스러워했던 당신의 마음을 왜 내가 모르겠소? 알면서도 모르는 듯 사는 것을 덕으로 알고 내 약점을 모르는 체하며 살아온 세월이 얼마인가요. 이렇게 했으면 좋겠다, 하고 생각했지만 내가 그렇지 않다고 싹둑 가위로 천 자르듯이 거절할 때 얼마나 마음이 아팠습니까. 본래 성질이 남다르게 급한 당신에게 참는다는 것은 고역 중의 고역이었을 겁니다. 지금 생각하면 조금 너그러울 걸 하는 아쉬움이 있습니다. 그러나 어찌하겠소. 기왕에 여기까지 왔으니 마무리나 잘하고 떠납시다.

이제 내가 목회사역을 마치면 생각하는 것이 있다오. 무슨 어마어마한 계획이 아니라 우리 둘만의 시간을 많이 마련하고 싶은 겁니다. 어깨를 나란히 한 채 공원 산책도 하고 지칠 만하면 찻집에 들어가 쉬면서 서두르지 않고 싶어요. 가끔씩 영화도 보고 외식도 하면서 젊은 연인들처럼 말입니다. 비가 내리면 우산을 같이 쓰고 바람끝이 차면 내

외투 주머니에 손을 넣으면 돼요. 우리가 하나님의 부르심이 있을 때까지 하나님께서 주신 건강 유지하면서 도란도란 지난날도 얘기하고 자식의 생활도 얘기하면서 마음을 같이 한다면 정말 근사하고 행복할 것 같아요.

원래 당신과 나는 사치와는 거리가 멀었지만 이제 멋도 조금 냅시다. 추하게는 늙어가지 맙시다. 그동안 사랑을 주셨던 성도들과 이웃들에게 감사의 마음으로 기도하면서 갑시다. 세상 사람들처럼 호화롭지 않게 산 것이 부끄러운 것은 아니잖습니까. 젊어서 고생할 때는 어서 벗어나고 싶었지만 지금에 와서 생각하니 스스로 잘 견딘 것이 대견하고, 더구나 부끄러운 것이 아니었다는 사실에 감사가 됩니다. 남에게 피해 주지 않고 검소하게 산 것이 얼마나 다행인가요. 당신도 지금 내 생각에 동의하고 있다고 나는 믿습니다. 그리고 말년에 누구를 의지하지 않고 오직 하나님의 은총에 기대고 산다는 것이 얼마나 다행인가요. 사랑하는 자에게 평안을 주시는 하나님의 배려로 누워 자는 안락한 방과 음식을 맛있게 씹을 수 있는 치아를 가지고 있다는 게 얼마나 감사한가요.

과거는 흘러갔지만 추억으로 남았고, 아프고 괴롭던 시절도 지나고 나니 오히려 아름답습니다. 부끄러움을 최소화시킨 것도 고맙고 그 길을 당신과 함께했다는 사실에 나는 감격합니다. 물론 우리 사이에 간혹 의견의 일치가 안 될 때도 있었습니다. 그때마다 잘 참고 이겨나가 준 것은 당신이었습니다. 고맙소.

이제 그냥 갑시다. 갈 길이 있고 갈 곳이 정해진 사람은 불안하지 않는 법이지요. 주님이 예비해 놓으신 곳이 우리 앞에 있습니다. 조촐한 좁은 길이지요. 이제 무거운 짐 다 내려놓았으니 가볍게 갑시다. 꽃길로 향기 맡으면서 찬송하며 갑시다. 마음 비우면 서두를 필요도 없지요. 다정히 어깨동무하고 갑시다.

쉰여덟 살

중학생 때던가, 나는 막연히 내가 쉰여덟 살까지 살면 어떨까, 하는 생각을 했다. 내가 왜 그 당시에 그런 생각을 했는지는 모르겠다. 당시는 사람이 환갑을 넘으면 장수했다고 하던 시절이었다. 그러므로 한 쉰여덟 살쯤 살면 조금은 부족하지만 그렇다고 단명한 것은 아닐 것이라는 생각이 들었다.

그런데 문제는 내 생각이 그대로 멈추어 있는 것이 아니라 조금씩 진화과정을 겪는 것이었다. 처음에 가졌던 "내가 쉰여덟까지 살면 어떨까." 하는 생각이 세월이 흐르면서 "나는 쉰여덟까지 살아도 될 거야."로 발전하더니 "나는 쉰여덟까지 살 거야."가 된 것이다. 그때는 내가 십대라서 쉰여덟이 까마득하게 보였다. 그래서 그 나이에 죽어도 아쉬울 게 없을 것 같았고 결국 나는 쉰여덟에 죽을 수 있다는 생각에 이르게 된 것이다.

그런데 중학교를 졸업하고, 군대에 다녀오고, 결혼을 하면서 고비 하나씩을 넘다 보니 훌쩍 30대를 넘어서는 것이었다. 그러다가 뒤늦게 신학을 공부하게 되었는데 그 공부를 마칠 즈음에는 금방 40대가 되었다.

그렇게 까마득하게 느껴졌던 쉰여덟 살이 코앞으로 다가오고 있는 것이었다. 그런데 이거 봐라, 괜히 께름칙하게 내 생각의 한 귀퉁이를 그 녀석이 붙들고 있는 것이었다.

사실 따지고 보면 쉰여덟 살이 어떻단 말인가. 누가 계시해 준 나이도 아니고 그때 내 생애가 끝난다는 아무런 근거도 없는데 마음 한구석이 괜히 께름칙한 것이었다. 내가 내 최면에 걸려든 것이었다.

사람의 마음이 얼마나 허약한가, 목회전선에 들어와서 하루하루가 그렇게 바쁘게 돌아가도 쉰여덟이라는 나이가 내게서 떠날 줄을 몰랐다. "내가 쉰여덟에 죽을지도 몰라."라는 생각과 "별 쓸데없는 생각도 다 하네." 하는 생각이 번갈아 나서서 내 신경을 건드렸다. 참 지독하게 물고 늘어지는 놈을 만난 것이었다. 물론 그렇다고 시도 때도 없이 그 생각이 떠오르는 건 아니지만 다 잊어버릴 만하면 그 녀석은 불청객처럼 불쑥 얼굴을 디밀곤 하는 것이었다.

그리고 드디어 내 나이가 쉰여덟이 되는 해가 돌아왔다. 막상 쉰여덟이 되고 보니 쉰여덟로 생애를 마감한다는 것은 아쉽다는 생각이 들었다. 아직도 할 일이 많고 무엇보다 건강하지 않은가. 인생을 정리해야 한다는 어떤 긴박한 상황도 없는 것이다. 더구나 요즘은 사람들의 수명이 늘어서 100살 가까이 사는 사람도 많지 않은가.

결국 아무런 불상사 없이 쉰여덟 살을 넘겼다. 그리고 비로소 내 스스로 걸어놓은 최면에서도 벗어났다. 쉰여덟이라는 수를 더 이상 신경

쓸 필요가 없어진 것이다. 그리고 나는 사람이 얼마나 허약한 존재인가를 새삼스럽게 깨닫게 되었고, 왜 하나님은 우리의 미래에 대해 스스로 알지 못하도록 감추어 주셨는가를 체험적으로 알게 되었다.

만약 우리가 자신의 죽을 날을 미리 알 수 있다면 어떻게 될까. 더구나 어떤 방법으로 생을 마치게 될 것인가까지 알 수 있다면 어떻게 될까. 아마 죽을 날이 임박하면서 공포에 떨게 될 것이고, 모르면 몰라도 그날이 오기 전에 미리 기절이라도 하고 말 것 같다.

우리는 더러 자신의 앞날에 대해서 궁금해한다. 그러나 그것이 얼마나 부질없는 궁금증인가. 알아서 좋은 것보다 나쁜 점이 많은 것이다. 하루하루를 열심히 사는 것이 축복이고, 앞날에 어떤 일이 일어날 것인가를 감추어 주신 것이 다행이다. 그러나 정해진 날은 그게 언제가 되었든 반드시 찾아온다는 사실을 잊지 말고 내게 주어진 일만 철저하게 감당해야 할 것이다. 얼마동안 사느냐보다 어떻게 사느냐가 더 중요하기 때문이다.

통증

 왼쪽 발등이 붓고 오른쪽 무릎에 통증이 왔다. 퇴임 이후 근 1년 동안 하루에 두세 시간 걷기운동을 했는데 그게 무리였지 싶다. 며칠 쉬면 낫겠지 하고 쉬었다. 예전에는 그런 다리에 나타나는 웬만한 피곤은 당분간 쉬면 그쳤다. 그런데 이번엔 아니었다. 부은 발등은 가라앉지 않았고 무릎 통증은 점점 심해졌다. 견디기가 힘들었다. 끙끙 앓는 것을 보고 아내가 어서 병원에 가보라고 재촉했고, 주변에서 내 고통을 아는 사람들이 병 키우지 말고 어서 병원에 가라고 했다. 이제 청년이 아니라고 진정으로 내 아픔을 걱정하며 가까운 정형외과 병원을 가르쳐주기도 했다. 그들의 성화를 못 이겨서가 아니라 실로 통증을 견딜 수 없어서 절룩거리며 병원을 찾아갔다.

 접수대에서 접수를 하고도 오래 기다려야 했다. 순서가 있으니 당연히 내 차례를 묵묵히 기다려야 하는데 통증을 참아내기가 힘들었다. 병원 종사자들이 모두 게을러터진 것 같고 의사 선생님은 하늘보다 높은 사람 같았다. 겨우 원장 선생님에게 인도되어서 "아파서 죽을 것 같다."고 했더니 하시는 말씀이 "여긴 그런 사람이 많이 옵니다." 하는 것이었다. "뭘 그 정도 가지고 그러느냐."는 말 같기도 했다. 절대로 엄살이 아닌데 남의 아픔 앞에서 저렇게 태연한 게 썩 마음에 들지 않았다. 그래도 어떻게 하나. 저분은 나를 고치는 의사고 나는 그 의사에게 치료 받아야 하는 환자에 불과한데. "너무 아파서 그럽니다." 하고 어린애처럼 말했더니 "아무리 아파도 진찰을 먼저 해야지요." 하고는 사진을 찍고 오라고 했다. X-Ray 촬영실에서 사진을 찍고 또 기다렸다가 들어가니 사진을 보여주면서 발등이 부은 것은 통풍 같고 무릎이 아픈 것은 퇴행성관절염 시초 같다고 했다. 하필이면 쉬는 날이 끼어서 월요일에 다시 보자고 하면서 주사 한 대와 먹는 약 처방을 해주었다. 그 효력은 참으로 신기했다. 통증이 멎는 듯했다. 통증만 가시면 살 것 같았는데 통증이 가라앉았다. 그런데 웬걸, 잠자리에 드는데 다시 통증이 고개를 들지 않는가.

나는 수년 전에 신장 수술을 한 경험이 있다. 수술을 할 때까지는 몰랐는데 수술 후에 견디기 어려운 통증이 밀려왔다. 병상을 오르내리기가 여간 거북하지 않았다. 그래서 침상만 아무렇지 않게 오르내릴 수 있다면 감사한 일이구나 하는 깨달음을 얻었었다. 그런데 수년이 지나는 동안 언제부터인지 모르게 아무렇지 않게 침상에 오르내리면서도 그 감사를 잊어버렸다. 침상에 오르내리는 것 정도야 그러려니 하며 살아온 것이다.

하나님은 참 별나시다. 무릎 통증을 호소하면서 까맣게 잊어버렸던 신장 수술을 마치고 당했던 통증을 깨닫게 한 것이다. 침상만 아무렇지 않게 오르내릴 수 있으면 감사한 일이라는 그 감사를 깨닫게 한 것이다. 그렇다. 그동안 감사를 잊어버리고 살았다. 하나님은 과연 은혜를 잊어버리면 어떤 사건을 통하여 생각나게 하시고 감사를 잊어버리면 어떤 경우를 통하여 깨닫게 하시는 분이다. 우리는 통증을 통하여 자신이 연약한 존재임을 깨달아야 한다. 그럼에도 건강하다 싶으면 건강에 대한 생각에 소홀하고 몸을 함부로 할 때가 많다.

나는 직업상 사람들의 임종 현장을 많이 보아왔다. 차라리 병상에 오래 누워 힘이 소진된 분은 돌아가실 때 조용히 숨을 거둔다. 그러나 젊어서 질병이나 사고를 만나 돌아가시는 분은 통증 때문에 더 많이 힘들어하는 경우가 있다. 신앙이 좋은 어떤 권사님께서 임종하실 때의 모습을 나는 잊지 못한다. 대신 아파줄 수도 없고 더구나 대신 죽어줄 수도 없는 상황에서 이 환자가 아프지 말게 해 달라는 기도를 하나님께는 할 수 있지만 환자 본인에게는 할 말이 없다. 아픔을 이길 수 있는 위로의 말이 무엇이겠는가. 고통이 없는 천국을 말하고 십자가에 못 박힌 주님을 생각하자고 말씀을 드릴 수밖에 없다. 내 말을 들으신 권사님은 "목사님, 나도 다 알아요. 그런데 너무 아파요." 하고 호소하고 얼마 있다가 떠나셨다. 숨 끊어지기가 이렇게 어려운 사람이 있다.

평소에 모친께서 "어떻게 죽는다냐?" 하고 걱정을 하실 때가 있었다. 젊으셨을 적엔 살려고만 발버둥치시느라 죽는 것은 남의 일처럼 여기며 사시다가 이제 연세는 늘어가고, 주변의 사람들도 하나 둘 세상을 떠나는데다 몸이 예전 같지 않게 쇠약해질 때였다. 나는 "별 걱정도 다 하십니다." 하고 본인에게는 핀잔에 가까울 정도로 느낄 만한 말씀으로 위로를 드렸다. 사람은 대개 심하게 아프면 꼭 죽을 것 같다고 생각하며 얼마나 아파야 죽는가 하고 아픔을 죽음과 연결시킨다. 그러다가 회복이 되면 건강이 얼마나 감사하며 자신에게 있어서 얼마나 소중한 재산인가를 진지하게 깨닫는다.

　얼마나 어리석은가. 궁지에 몰려야 비로소 깨닫는 배은망덕. 인간에게 가끔씩 잊어버릴 만하면 고난이라는 각성제를 주시는 것도 은혜라는 생각이 든다. 내버려두면 인간은 얼마나 교만해지는가. 교만은 영적으로나 정신적으로 자신이 나약해진 증거다. 통증을 통하여 자신의 나약함을 알고 감사할 줄 아는 데까지 이른다면 그것은 사실 의사의 진찰보다, 약을 조제해 주는 약사의 지식보다 위대한 일이다. 너무 흔한 말이라 진부해졌지만 "건강은 건강할 때 지켜야 한다."는 교훈은 진리다. 위기를 만나기 전, 평상시에 감사하고 교만이 오기 전에 감사해야 한다. 때때로 자신의 나약함을 깨닫고 감사하며 조심하고 삼가는 사람이라면 현명하다 하리라. 죽을 것같이 아픈 무릎 통증에서 얻은 소득이다.

모기

여름철에 우리를 곤혹스럽게 하는 것이라면 단연 날씨일 것이다. 얼마나 무더우면 그 더위를 불더위, 찜통더위, 가마솥더위라고 표현을 할까. 한낮의 더위는 숨을 헉헉 막히게 한다. 어떤 날은 밤에도 기온이 떨어지지 않는 열대야 현상으로 잠을 이루지 못하게 한다. 그러나 그 무더위는 우리를 고통스럽게 찍어 누르기는 하지만 작물을 자라게 하고 열매를 익히는 역할을 한다는 데 당위성이 있으니 참아야 한다. 덥다 못해 따갑고 심하면 생살을 익히는 것 같아도 뜨거워야 열매가 잘 익는다고 하면서 우리 조상들은 견디었다.

그러나 그런 당위성조차 없으면서 여름만 되면 나를 괴롭히고 마음에 공포심까지 주는 것이 있다. 바로 모기다. 도대체 이 곤충은 사람에게 어떤 직간접적인 이득을 줄까. 이 녀석들은 낮의 불볕더위를 견디고 나서 어두워지기 시작하면 악역을 감당하기 위하여 등장을 한다. 그리고 사정을 두지 않고 생살에 침을 꽂아 피를 빨아간다. 빨다가 들켜서 손바닥에 맞아 으깨어져 죽기도 하는 나약한 것이 피를 빠는 데는 억척스럽다. 거기까지도 좋다. 저희들도 생존을 위해서 피를 빨아간다고 치자. 그런데 왜 피 빨아간 뒤에도 그 자리를 고통스럽게 가렵도록 하느냐 말이다. 오죽했으면 벌레 물려 가려운 데에 바르는 약이 다 나왔겠는가.

내가 어렸을 때도 여름밤은 모기와의 싸움의 시간이었다. 아직 낮의 더위가 가시지 않아 저녁을 먹은 뒤에도 방에 들어가 누울 수 없는지라 우리 가족은 마당에 멍석을 깔든지 평상에 앉아 찐 호박이나 옥수수나 감자를 먹으며 조금 서늘해질 때까지 기다려야 했다. 이때 이웃집 얘기나 우리 가족 얘기를 나누었다. 농사 얘기도 하고, 뉘 집의 돼지가 새끼를 많이 낳았다는 등의 소소한 얘기도 했다. 그전에 아버지는 어김없이 모깃불을 피웠다. 탈곡한 뒤에 남는 보릿대나 찌꺼기(우리는 그것을 휜데기 또는 답세기라 했다)나 왕겨에 불을 지펴놓고 그 위에 빨리 타지 않으면서 연기만 많이 나도록 마르지 않은 풀을 얹어놓았다. 만약 거기에 쑥대를 올려놓는다면 매캐한 냄새가 나서 좋았다. 그러면 연기가 싫어서인지 모기가 달아났다. 그렇다고 모기가 아주 포기하고 떠나지는 않았다. 왕성하게 공격하지 않을 뿐이지 틈틈이 기회가 포착되면 공격을 감행했다. 그럴 때 나는 어머니 무릎을 베고 누워 하늘에 촘촘히 박혀 있는 싸라기 같은 별들을 보며 잠이 들었다. 어머니는 내가 잠들었음에도 연방 내 몸에 부채질을 하셨다. 자식이 더위에 선잠을 깨지 않고 모기에 물리지 않도록 수고를 하신 것이다. 아마 팔이 아프셨을 것이다. 그럼에도 밤기운이 축축해져 방에 들어와 주무실 때까지 쉬지 않으셨을 것이다. 멍석에서 어머니 품에 잠들었던 나는 언제나 아침이면 방에서 눈을 떴다. 더위와 모기를 피하기 위하여 있었던 지난날이 지금은 그립기도 하다. 그러나 이 그리움을 만들기 위해서 모기가 유익한 것이라고 할 수는 없다.

나는 어젯밤에도 모기의 기습으로 잠을 설쳤다. 더운데다 이런저런 생각이 떠올라 잠을 이루지 못하다가 어느 시점에서 겨우 잠에 빠져들었는데 몸이 따끔해서 잠을 깼다. 모기의 기습공격이 있었던 게다. 불을 켜고 소탕작전을 하다가 잠을 또 놓쳤다. 모기향을 피우면 모기가 달아나긴 하는 것 같은데 조금 있으면 그 연기가 방안에 가득해진다. 탁한 공기가 호흡기에 좋지 않은 영향을 줄 것 같다. 모기 살충제를 살포하면 되지만 그것도 당분간이다. 약효가 떨어지는 어느 순간부터 어디로 들어오는지 사정을 두지 않고 내 몸에 침을 꽂는다. 짜증이 날 수밖에 없다. 도대체 이런 것들은 왜 존재하는가 하는 엉뚱한 생각을 하면서 잠이 들다 깨다를 반복하다 보니 날이 부옇게 밝아왔다. 모기가 잠시 휴전을 하자면서 떠나는 시간이다. 참 간사한 놈들이다. 그 행위가 가히 지능적이고 야비하다. 낮에는 어디 음습한 곳에 숨어 있나 보다. 그리고 야음을 틈타 활동을 개시한다. 이때 누워 있으면 귀밑에서 잉잉 소리가 들린다. 그래서 갑자기 불을 켜면 자취를 감추어 버린다. 야간전투에 능하다 할까, 빠르기도 하거니와 날던 방향을 손쉽게 바꾸기 때문에 종적을 따르기가 어렵다. 재빠르게 양 손바닥을 부딪쳐 압살을 시도하지만 손바닥만 아프지 번번이 놓치고 만다. 놓치고 나면 그 여리디여린 것을 잡자고 손바닥을 세게 마주 친 것이 우스꽝스럽기만 하다.

옛날에 어떤 사람이 모기장帳을 쳐놓고 잠이 들었는데 모기가 어떻게, 어떤 구멍으로 들어오는지 견딜 수가 없었다. 그는 화가 나서 모기장을 들어올렸다. 어떤 놈이든지 들어오고 싶으면 다 들어오라는 배짱으로 열어놓았다. 모기들이 시글시글하게 들어왔다. 그는 밖으로 나와 다시 모기장을 쳤다. 모기를 모두 모기장 안에 가두었으니 자신은 밖에서 자유스럽게 자야겠다며 발가벗고 잤다고 한다. 닭을 가두면 닭장檻이듯 모기를 가두었으면 모기장檻 아니겠는가. 얼마나 화가 났으면 그런 어리석은 짓이라도 하면서 이겨내려 했겠는가.

성경은 피를 생명이라 하고 누구든지 남의 피를 흘려 고의적으로 죽인 사람을 반드시 죽이도록 했다. 성경뿐 아니라 모든 종교나 사상이나 도덕에서 피 흘려 죽이는 것을 용납하지 않는다. 실로 동서고금을 막론하고 사람의 인식 속에 생명보다 귀한 것은 없다. 그러므로 의료시설에서는 갑작스런 질병이나 부상자를 살리기 위해서 헌혈을 받아 보관하고 있다. 그런데 본인의 허락 없이 남의 피를 취해 간다면 그것은 강탈이고 용납할 수 없는 일이다. 그래서 모기의 행위는 완악하다. 그런데 모기보다 더 악한 행위를 한다면 그것을 용납해서 되겠는가. 어떤 사람들에게는 재물이 피보다 귀하게 느껴지는 경우가 있다. 국민들에게 부과하여 거두어들인 세금을 혈세血稅라 하지 않는가. 그런 사람들의 것을 빨아먹고 산다면 잔인한 일이다. 사회적 약자를 도우라고 직책을 맡겼더니 그들을 보살피기보다 자신의 영달을 위해서 더 많이 쓴 사람들이 있다. 나라를 잘 다스리고 백성을 잘 돌보라고 맡겨준 돈을 함부로 쓰고 자기 것처럼 써서 국고를 텅 비게 만드는 사람도 있다. 실로 모기보다 더 부도덕하고 악하다. 사실 모기는 자기보다 약한 자에게 대항하는 것이 아니고 자기가 살기 위해서 자기보다 강한 자에게 몹쓸 짓을 하는 것이다. 그러나 악한 사람들은 스스로 충분히 살아갈 수 있는 형편에서도 약자의 피를 뽑아가는 것이다.

사람이 부도덕하면 모기보다 더 악하다. 모기는 여름철, 그것도 밤에만 활동한다. 그러나 사람은 계절에 관계없고 밤낮을 구별하지 않는다. 모든 사람이 보는 앞에서 합법을 가장하고 선한 활동으로 위장한다. 양심을 버리고 남의 것을 취하여 자기 출세나 성공의 기반으로 삼으려 한다. 그렇다면 모기 앞에서 부끄러워해야 한다. 「춘향전」에 나오는 암행어사 이몽룡이 변 사또의 생일에 모인 탐관오리들 앞에서 읊었다는 한시 한 수로 이 글을 마무리하겠다.

"金樽美酒 千人血(금준미주는 천인혈이요)
玉盤佳肴 萬姓膏(옥반가효는 만성고라)
燭淚落時 民淚落(촉루낙시 민루낙이요)
歌聲高處 怨聲高(가성고처 원성고라)"

할아버지

나는 친할아버지, 친할머니를 뵙지 못했다. 내가 너무 늦게 태어나서였다. 아니다. 내가 태어나기 전에 그분들이 나를 기다려주지 않고 먼저 떠나셨기 때문이다. 당시는 수명이 짧아서 환갑을 넘기기가 어려웠었다. 그래서 부모님이 환갑을 맞으면 자식들은 성대하게 잔치를 차려드렸다. 빚을 내서라도 돼지를 잡고 음식을 장만하여 잔치를 벌이면 일가친척들이 가까운 데서는 물론 먼 데서도 축하 인사차 찾아오고 마을 사람들은 마치 자기 집의 경사인 양 기뻐하며 도왔다. 그렇게 하는 것이 이웃에게 보여드리는 후손 된 도리고 부모에게는 효도라고 생각했다. 그런 생각이 제 아버지 때까지는 존재했던 것 같다. 내가 군 복무 시절에 특별 휴가를 받아 아버지 환갑잔치에 참석했었던 기억이 있기 때문이다. 그리고 꽤 먼 친척까지도 오셔서 같이 사진을 찍어둔 것이 남아 증언을 해주고 있다. 마당에 차일을 치고 멍석을 깔았다. 그리고 찾아오시는 손님을 맞았다. 소리꾼을 사서 노래도 부르게 했다. 모두가 얼큰해지면 한쪽에서 윷놀이도 하며 하루를 흥겹게 지냈다. 그런데 제 할아버지, 할머니의 환갑잔치 사진이 없다. 두 분 모두 환갑 이전에 돌아가셨던 모양이다. 그러니 내게 할아버지에 대한 추억이 있을 리 없다. 그게 내게는 참 아쉬운 점이다. 가난하지만 후손을 사랑하셨을 할아버지 모습을 그려보면서 참 아쉽다는 생각이 가끔 든다. 예전에는 잘되려는 집안에는 어른의 헛기침소리와 아기 울음소리가 있어야 한다는 말이 있었다. 어른의 헛기침은 가정의 기강을 의미하고 아기의 울음소리는 후손 번영을 상징했다. 당시는 집안 어른의 말 한마디에 얼마나 큰 권위와 위엄이 담겨 있었던가. 아침에 안방에서 들려오는 헛기침소리에 놀라 가족들은 그 기침소리에 무슨 의미가 담겨 있는가 하여 전전긍긍해야 했다. 며느리는 자기 아이가 울면 행여 할아버지의 심사를 거스르는 게 아닐까 하여 노심초사하기도 했다. 그러나 할아버지는, 사람은 태어날 때 제 먹을 것은 타고나는 것이라며 양식 걱정보다 자손 번성을 바랐다. 오늘날의 가족관하고는 큰 차이가 난다. 세월이 많이 흘렀고 세상도 많이 바뀌었으니 가족관도 바뀌는 게 당연하겠지만 나는 예전의 가족제도와 기강이 잡혀 상하 개념이 짱짱할 때가 가끔씩 그리워진다. 그 시절엔 비록 가난했지만 쓸쓸하거나 외롭지 않은 집안 분위기였고 콩 한 톨도 반쪽씩 나누어 먹을 줄 아는 우애와 윤기倫紀가 있었다. 부모님의 존재를 하나님처럼 받들고 섬길 수 있었기 때문에 많은 형제가 한 집에 살면서도 다툴 일이 별로 없었다.

나는 여기서 예전의 대가족제도와 오늘날의 핵가족제도를 비교하면서 비판을 가할 목적으로 이 글을 쓰는 것은 아니다. 얘기를 늘어놓다 보니 이렇게 흘러왔지만 사실 나는 내가 아직 할아버지가 아니란 점을 말하려고 하는 것이다. 어떻게 살다 보니 나도 고희를 훌쩍 넘겼다. 아무리 수명이 늘어났다 해도 이제부터는 인생을 정리하는 마음으로 살아야 한다고 생각한다. 정년퇴임을 했으니 제1의 인생은 마친 셈이다. 그리고 이어지는 제2의 인생도 나는 보람 있고 활기차게 살아야 한다고 다짐을 하고 있다. 제2의 인생을 사는 입장에서 열심히는 살아야 하겠지만 그러나 세상적인 욕심에 매몰되기는 싫다. 그런데 내게는 아쉽고 허전한 게 하나 있다. 지금에 와서 생각하면 후회스런 면이지만 나는 외아들을 두었다. 그리고 우리 부부에게는 아직 손주가 없다. 아들 내외는 결혼하여 바로 분가를 했다. 그러니 더러 집 안이 적적하다는 느낌이 들 때가 있다. 아들 녀석은 나이가 들어도 결혼할 생각을 하지 않아서 우리 부부에게 애를 먹였다. 그 외아들을 겨우 억지 비슷하게 혼인을 시켜 놓고 이제는 됐다 하고 마음을 놓았는데 지금은 그들이 자식을 두지 않는 것이다. 결혼 초기에는 우리 부부가 아들 내외에게 애를 낳아야 한다고 권고도 했지만 아직도 소식이 없다. 말로는 나중에 낳겠다고 하는데 모든 일은 때가 있는 게 아닌가. 자칫 할아버지 소리 한번 들어보지 못하고 내가 떠날까 조급한 생각도 든다. 그렇다면 나중에 자식이 태어난다 해도 그 녀석은 나처럼 할아버지에 대한 추억이 없지 않겠는가. 나는 아직도 누구나 태어나는 아이는 정서적으로 할아버지, 할머니를 만나는 게 좋다고 생각한다. 가족이란 개념도 알고 가정에 대한 애정도 많아야 한다고 생각한다. 그런데 우리 외아들이 자식을 두지 않는 이유가 뭔지 아는가. 이 힘든 세상에서 자기들만 고생하면 됐지 자식을 낳아 그 자식까지 고생시킬 이유는 없다는 것이다. 내가 손주를 원하는 것은 자손이 없이 세상을 떠나면 죽어서 선대 조상들을 어떻게 뵙느냐는 유교적 관습에 기인한 것도 아니고, 생육하고 번성하라는 하나님의 뜻에 반한다는 기독교적 가치관에 의한 것도 아니다. 젊은 우리 아이가 인생의 가치관을 고생 않는 것에 두려는 정신이 안타깝다. 고생하면서 겪는 인생의 참 의미를 모르는 것 같다.

나는 요즈음 오후에 공원에 가서 한두 시간 산책하며 쉬고 오는 것이 일과다. 나는 거기서 뛰어노는 아이들을 바라본다. 어쩌면 그렇게 좋아 보일까. 젊은 부부가 아기를 안고 가기도 하고 유모차에 태우고 가는 것도 보면서 저 젊은이네는 아이가 있구나 하여 내심 부러워한다. 아이가 뒤뚱뒤뚱 걷든지, 폴짝폴짝 뛰든지, 아장아장 할아버지와 함께 걸으며 조잘거리는 모습은 한 폭의 그림이다. 어느 날 나는 멀리 사는 초등학교 동기에게 전화를 했다. 그냥 안부를 묻는 전화였다. "너 뭐 하냐? 아기 보냐?" 우리 어렸을 적에는 재주 없어 보이는 사람이나 할 일이 없는 사람에게 "농사나 지어라." 또는 "애나 봐라." 하고 농담을 했기에 나는 그 친구에게 할 일 없어서 아기나 보냐고 농담을 했던 것이다. 그런데 그 친구 하는 말, "야, 이게 정말 미치게 한다!" 하는 게 아닌가. 나는 농담을 걸었는데 그 친구는 정말 손주를 보고 있었던 것이다. 그 친구도 얼마 살다가 떠났다. 낯모르는 아이들도 이제 나를 보면 할아버지라고 호칭한다. 처음에 그들로부터 할아버지 소리를 들을 때 "내가 벌써 할아버지인가?" 하고 어설프게 들리기도 했지만 이제는 아무렇지 않다. 그렇다. 나는 지금 할아버지 아닌 할아버지로 살고 있다.

제3부

욕辱 불러내는 사회

언제 철들려고

    무엇이 부끄러운 일이고, 부끄럽지 않은 일인가를 구별할 줄 알면 비로소 철이 든 것이다. 나는 어렸을 적에 부끄러움을 많이 탔다. 그래서 암띠다는 소리도 들었다. 요즈음 여자들이 들으면 불쾌감을 느낄 수도 있겠지만 예전에 여자들은 적당히 수줍음을 탈 줄 알아야 하는 것으로 여겼다. 결혼식장에서 드레스를 입은 신부가 자칫 미소를 짓다 이[齒牙]라도 보이면 천박하다고 치부하던 시대, 나는 그 시절에 암사내라는 소리를 들어야 했다. 왜 그렇게 부끄러운 게 많았는지 모르겠다.

    가난하던 시절이라 형이 입던 옷을 물려받아 입는 경우가 많았다. 다른 아이들은 새 옷을 사 입는데 나만 형의 옷을 대물려 입는 것이 부끄러웠다. 더구나 해진 곳을 기운 옷을 대물림할 때는 정말 부끄러웠다. 한번은 아버지께서 장에 가셨다가 운동화를 사오셨다. 지금 생각하면 그 운동화가 당시로서는 고급이었다. 그럼에도 자랑스러운 것이 아니라 다른 아이들과 같은 신이 아니라는 이유로 부끄러웠다. 신고 다니면서도 얼른 떨어지기를 얼마나 바랐는지 모른다.

    엉뚱한 걱정도 많이 했다. 잘했다고 상賞을 받는 것은 좋은데 받을 때 어떻게 사람들 앞에 나갈 것인가를 고민해야 했다. 그래서 경필대회나 백일장대회가 열리면 기피하는 경우도 있었다. 부끄러워서였다. 여자 아이들 앞을 지나가려면 괜히 다리가 꼬이는 것 같았고 얼굴이 달아올랐다. 사춘기라서였는지 그때는 내 얼굴이 다른 아이들보다 못생긴 것 같아서 부끄러웠고, 심지어 어떤 때는 길에서 아버지나 형을 만났음에도 괜히 부끄러웠고, 비 오는 날 우산 없이 비를 맞으며 걷는 것도 내 자신이 초라해지면서 부끄러웠다. 지금 생각하면 왜 그런 일로 부끄러워했는지를 모르겠다. 오히려 자랑스러워하며 당당해야 할 일을 부끄러워했으니 분명히 철이 없었기 때문이라고 할 수밖에.

정말 부끄러운 것은 부끄러운 일을 하면서 부끄러운 줄을 모르는 경우가 아닐까. 지도층이라고 하는 사람들이 오히려 본을 보이지 않고 사회적 책임을 느끼지 않는 걸 보면 어떤 배신감 같은 느낌을 받는다. 예를 들어 법을 만드는 사람들이 오히려 법을 지키지 않고, 많이 배웠다는 사람들이 귀감은커녕 오히려 법망을 이리저리 피해 다니며 부도덕한 일을 하는 것을 보면 가슴이 아프다. 직업에 귀천을 만들어 놓고 일하지 않는 것을 복 받은 것으로 알았던 시절도 있었다. 불의한 행동을 하면서 그것을 자랑으로 여기는 사람도 있다. 내가 누구에게 폭력을 행했고, 어느 가게에서 무엇을 훔쳤네 하면서 으스댄다. 처첩을 거느리면서 능력 있는 사람이라고 생각한다든지, 쓸 줄 모르는 돈 많이 가지고 있으면서 어깨에 힘주고 사는 꼴을 보면 한심하다. 분명 아직 철이 덜 들어서일 것이다. 요즈음도 뇌물, 배임, 탈세를 했다가 걸려들면 그것을 가려내는 사람을 욕한다. 재수 없어서 걸려들었다고 한다. 교통사고를 내고는 교통법이 잘못되어서라고 애써 변명하려 든다.

사람이 짐승과 다른 것은 부끄러움을 안다는 데 있지 않은가. 짐승은 벗었어도 부끄러운 줄을 모르고 이성이 없으니 본능적으로 산다. 절제 능력도 없다. 그래도 누가 탓하지 않는다. 탓할 수가 없다. 탓한다면 탓하는 그 사람이 이상하다.

그런데 우리 사회에는 탓하지 않을 수 없는 일이 자주 일어난다. 어른들이, 그것도 불혹의 나이를 넘겼다는 사람이 어린아이나 약한 여자를 성폭행했다고 하는 기사를 읽으면 아찔해진다. 돈 몇 푼에 자신의 존비속을 살해하는 경우는 또 어떤가. 그들도 사람의 모습을 갖추었으니 짐승은 아니잖는가. 한 나라의 지도자라는 사람들, 지성인이라고 할 수 있는 사람들이 폭력적인 행동을 주저하지 않고 행하는 현장을 우리가 두 눈 뜨고 봐야 할 때 그 사람들은 부끄러운 줄을 모르겠지만 나는 부끄럽다. 우리의 정치인들이 대표적인 예다.

요즘 들어 우리가 어렸을 적에 어른들이 "너는 언제나 철이 들래." 하며 꾸중하시던 말씀이 생각난다. 정말 그때 우리는 철이 없었다. 사리를 가릴 줄 몰랐고 판단이 바르지 못했다. 부끄러운 일을 부끄러운지 몰랐고, 부끄럽지 않은 일을 오히려 부끄러워하기도 했다. 그렇지만 그때는 그래도 순박하기는 했었다. 정말 우리 사회는 언제나 철이 들지?

내 책임은 없는가?

　자정이 가까워 오는 시간. 급히 실내로 들어왔더니 이 늦은 시간에 한 여인이 엘리베이터 앞에 서 있었다. 몇 층까지 올라가는지는 모르지만 낯모르는 그 여인과 나는 엘리베이터를 같이 타게 된 것이다. 나는 그 여인 뒤에 서서 꼭대기 층까지 올라가 있는 엘리베이터가 내려오기를 기다려야 했다. 그런데 앞에 서 있던 여인이 뒤돌아 힐끗 나를 보더니 그냥 밖으로 나가는 게 아닌가. 그러려니 하고 나는 무관심하게 서 있다가 문이 열리는 동시에 곧바로 안으로 들어갔다. 그리고 무심코 엘리베이터 안에 붙어 있는 거울을 보는 순간, 아, 거기에 험상궂은 사람 하나가 서 있는 게 아닌가. 모자를 푹 눌러 쓰고 목도리로 코까지 가린 내 모습. 한 달 이상을 감기로 고생한 끝이라 단단히 조심한다는 것이 그만 눈만 빠끔히 내놓고 얼굴을 가린 그야말로 복면의 모습이 된 것이다. 내 상상이긴 하지만 비로소 앞에 서 있던 여인이 밖으로 나간 이유를 알 것 같았다. 그렇지 않아도 유괴범이니, 살인강도범이니, 성추행범이니 하는 끔찍한 사건을 일으킨 사람들의 이야기가 하루가 멀다 하고 세상을 더럽히는 판에 왜 혐오감을 주는 사람하고 잠시라도 같이 있고 싶겠는가. 이 늦은 밤에 밀폐된 공간에 함께 갇혀 있고 싶지 않았을 것이고 그래서 같이 엘리베이터를 타기가 섬뜩했을 것 같다.

그러나 그렇다 하더라도 내 한편 생각으로는 기분이 썩 좋지 않았다. 내가 내 집 찾아가는데 무뢰한이나 흉악범으로 취급을 받았다니. 그러나 어쩌랴. 우리는 지금 그런 위험한 세상, 조심하지 않으면 봉변을 당할 수밖에 없는 세상에 살고 있다.

사람은 자신의 모습과 언행으로 해서 얼마든지 남들로부터 오해를 받을 수 있다. 나의 오늘처럼 말이다. 나는 분명 흉악범이 아니다. 나를 흉악범으로 보았다면 그렇게 본 그 사람이 잘못이다. 그렇지만 내가 다른 사람으로 하여금 혐오감을 느끼게 한 책임은 전혀 없는 것일까. 우리는 언제, 어디서나 자유스럽게 행동하는 용기가 필요하다. 개성적인 활동을 할 자유도 있다. 그러나 그 행동이 다른 사람에게 어떤 영향을 미칠까 하는 것도 고려해야 할 것이다. 본의는 아닐지라도 내 행동이나 모습이 다른 사람에게 혐오감이나 불안감을 조성했다면 나에게도 일말의 책임은 있지 않겠는가. 우리는 이 세상을 혼자 사는 게 아니라 이웃과 더불어 살기 때문이다.

예전에 아버지께서는 우리에게 문단속을 잘 하라고 가르치시면서 도둑질하는 사람이 물론 나쁘지만 단속하지 않아서 도둑을 맞았다면 도둑을 맞은 사람에게도 조금의 책임은 있는 법이라 하셨다. 3일 굶으면 남의 담 넘지 않을 사람이 별로 없다며, 내 편에서 틈을 보여 주는 것은 가져가라고 문을 열어 놓은 것과 마찬가지라고.

그렇다. 가급적이면 매사 내 행동이 남에게 유혹거리를 제공하거나 불쾌감을 조장하는 일이 되지 않아야 한다. 빌미를 제공하지 않고 오해를 낳지 않도록 조심하는 것도 필요하다. 가령 내가 한 말을 상대방이 잘못 알아들었다면 물론 잘못 알아들은 사람이 잘못이다. 그러나 잘못 알아들을 수밖에 없도록 명확히 하지 않은 나에게도 약간의 책임이 있는 것이다. 지나치게 신체를 노출시켜도 그것은 그 사람의 개성이고 자유에 속한다. 그러나 그럴지라도 때와 장소를 고려해야 할 것이고, 특히 남에게 자극을 줄 수 있다는 측면도 무시할 수 없는 것이다.

악한 영靈도 아무에게나 덤벼드는 게 아니다. 진리와 굳건한 신앙으로 무장된 사람은 피하는 것이다. 기도하며 경건생활에 힘쓰는 사람은 기피하고 게으른 사람, 세상 욕심에 사로잡혀 있는 사람을 노리고 접근하는 것이다. 병균이 득실거리는 곳에 있다고 해서 모두가 병에 감염되는가. 같은 장소에 있어도 체질적으로 약한 사람, 저항력이 없는 사람이 먼저 병에 걸릴 확률이 높다. 그런 의미에서 넘어지는 것도 내게 전혀 책임이 없는 것은 아니다. 유혹당하는 것도, 남으로부터 오해를 받는 것도 내게는 전혀 책임이 없는 것이 아니다. 내가 건전해야 한다. 그리고 먼저 나와 내 마음을 단속해야 한다. 가급적이면 오해받을 행동을 하지 말고 유혹당할 틈을 제공하지 않도록 조심하는 것도 필요하다.

문을 활짝 열어 놓아도 도둑이 들어오지 않는 세상이라면 얼마나 좋으랴. 그러나 그렇지 않다. 무방비로 문을 열어 놓은 것도 책임을 묻는 게 오늘 우리가 사는 세상이다.

개새끼!

개새끼는 요즘 개의 새끼라는 뜻으로 쓰이는 경우가 별로 없다. 오히려 사람답지 않다고 느껴지는 사람을 향한 욕설로 더 많이 쓰인다. 개의 새끼라는 뜻으로 부를 때는 소에게 송아지라는 이름이 있고 말에게 망아지라는 이름이 있듯이 개에게도 예쁜 이름이 있다. 강아지다. 만약 개에게 그 말의 뜻을 알아차릴 수 있는 지능이 있다면 자기들의 이름이 사람을 욕하는 용도에 쓰인다는데 대하여 매우 기분이 상할 것이다.

개는 조물주가 본능적으로 그렇게 살도록 만들어 놓은 삶의 방법을 어기지 않으며 살고 있을 것이다. 그런데 왜 사람들은 자기들 마음대로 잘못된 사람을 개에 비견해서 욕설로 만들어 쓰는가. 오히려 개에게는 사람이 따르지 못하는 우월한 본능도 있다. 예민한 후각을 이용하여 마약이나 위험물 같은 것을 찾아내고, 그 날래고 위협적인 활동으로 집을 지키며 도둑의 침입을 막아주기도 한다. 자기를 길러준 주인에게 충성을 다하는 것을 감히 사람이 어떻게 따르겠는가. 보라, 사람이 개를 버리는 일은 있어도 개가 자기 주인을 버리는 일은 없다. 건강했던 자기 주인이 늙었다거나 병들었다고 버리고 떠나는 일이 있는가. 부유했던 주인이 갑자기 가난해졌다거나 몰락해서 사람들로부터 조롱을 당하는 처지가 됐다 한들 기피하지 않는다. 더욱이 주인을 버리고 도망치는 일이 없다. 어떤 환경이나 처지가 되어도 변함없이 주인을 따른다. 상황에 따라 수시로 변하는 인간에 비하면 실로 위대한 도덕성이다. 외출해서 돌아와도, 심지어 몇 달을 출타했다 돌아와도 용하게 주인을 알아보고 반갑게 꼬리를 흔들며 팔짝팔짝 뛰어오르는 그런 사랑의 표현을 어떻게 사람과 비교할 수 있겠는가.

예전에 우리는 잡아먹기 위해서 개를 키울 때가 있었다. 시골에 가면 웬만한 집은 개나 돼지를 키웠다. 키워서 팔거나 잡아먹기 위해서였다. 배가 고프면 보이는 것도 없고 생각도 잔인해지는가. 자기가 기르던 개, 그것도 가족처럼 따르던 개를 자기 손으로 잡아서 그 고기를 맛있게 먹는 것은 다반사였다. 넓게 생각하면 개를 잡아먹는 것도 탓할 일만은 아닐 수 있다. 소도 잡아먹고 돼지도 잡아먹고 닭도 잡아먹는 터에 개라고 가축으로 키워 잡아먹는 게 대수겠는가. 그럼에도 개는 그 이상으로 사람과 가깝게 살았던 짐승이라서 그런지 잡아먹는다는 것이 좀 무자비하다는 생각이 들긴 한다.

이런 일이 있었다. 이웃집에서 키우던 개를 잡으려고 주인이 개의 목을 맸는데 발버둥치던 개가 가까스로 도망을 쳐 버렸다. 그야 개로서는 살고자 하는 본능이요, 몸부림이 아니었겠는가. 주인은 낙심했다. 낭패를 당했다고 생각했다. 자기를 죽이려 한 주인을 다시 찾아오겠는가. 적어도 사람 같으면 다시 돌아오지 않을 것이라 생각했다. 그런데 저녁 때가 되니 개가 돌아왔다. 개는 약삭빠른 사람이 아니었다. 멍청하고 어리석었다. 본능치고는 어리석은 본능이었다. 자기를 죽이려 한 주인은 여전히 자기의 주인이었고 자기를 키워준 집은 여전히 자기 집이었다. 주인은 돌아온 개를 회심의 미소를 지으며 맞아들였고 며칠 후 이번엔 실수 없이 잡아먹었다. 이런 바보처럼 충직한 짐승을 개새끼라는 못된 사람에게 하는 욕설로 사용해도 되겠는가.

그래서 요즘 우리 사회는 결혼도 기피하고 자식 낳는 것도 기피하면서 개를 끌어안고 사는지 모르겠다. 외롭다면서 멀쩡한 사람 기피하고 개를 데리고 산책을 다니고, 개를 가슴에 품고 얼굴을 부비며 어쩔 줄을 몰라한다. 자기 취향대로 옷을 해 입히고 고급 사료를 먹이며, 아프면 병원에 입원시키고 죽으면 슬피 울며 장례까지 치러 준다. 외국에서는 개와 결혼하는 사람도 있다니 이건 너무 나간 일이지만 얼마나 사람에 대한 혐오심이 많으면 그 지경에까지 이르렀을까.

개에게 말한 것은 개가 알아듣든지 말든지 비밀이 지켜지지만 사람에게 한 말은 아무리 가까운 사이일지라도 지켜진다고 장담할 수가 없다. 사람은 변덕이 심하다. 아무리 친절한 사이일지라도 무익하다고 느껴지면 언제든지 언제 보았느냐는 식으로 버리고 떠난다. 내 마음처럼 믿었다가는 사기당하기 쉽다. 그래서 항간에는 머리에 털 난 사람은 믿어서는 안 된다는 말이 있다. 대개 그런 말을 하는 사람은 한두 번 속은 사람들일 것이다.

제발 사람답게 살자. 자기에게 돌아오는 유, 무익을 따져서 접근도 하고 걷어차기도 하는 가벼운 사람으로 살지 말자. 그러려면 차라리 어리석은 개처럼 살자. 자기의 비위에 맞지 않으면 개새끼라고 서슴없이 욕하는 사람들이여. 개가 만약 웃을 줄 안다면 박장대소할 일이다. 그리고 개들이 말을 할 줄 안다면 자기 동료 개들에게 벌써 '사람새끼'라는 욕설을 만들어 썼을 것이다.

그렇다. 자기 마음에 안 든다고 개새끼라 욕하지 말고 사람새끼라 하자. 괜히 자기 본능에 충실한 다른 동물들의 이름을 사용하여 소새끼, 개새끼, 돼지새끼라 하지 말자. 그들은 나름대로 사람보다 훨씬 도덕적이다. 말세가 되면 별스런 부도덕이 판을 친다 하더니 개새끼 아닌 못된 사람새끼들이 판을 치고 강아지만 대접을 받는 시대가 온 것 같다.

욕辱 불러내는 사회

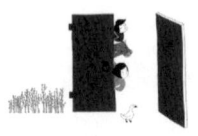

은퇴를 앞둔 어떤 목사님이 어서 은퇴를 하고 싶다고 했다. 저절로 찾아오는 은퇴를 서두르는 이유가 무엇이냐고 내가 물었더니 욕하고 싶어서라나. 나는 웃었다. 저렇게 점잖으신 분도 그런가, 해서였다.

그런데 그분이 은퇴를 하고 나서 누구에게 욕하는 것을 나는 본 적이 없다. 물론 자주 만나지 않았기 때문에 어떤 경우에, 누구에게 욕을 퍼부었는지 모르지만 그렇더라도 그분이 그리 쉽게 욕설을 내뱉지는 못했을 것으로 안다. 아무리 욕을 하고 싶도록 심사가 뒤틀렸을지라도 현직에 있을 때에는 당신의 위치가 함부로 욕을 할 수 없게 만들었을 것이고, 은퇴를 하고 나서도 지금까지 쌓아놓은 인격을 순식간에 허물지는 못했을 것이다. "양반이 차마 욕은 못하고 씨,씨만 한다."는 옛말이 항간에 있었는데 아마 그런 정도로 절제를 했을지 모른다. 인격과 교양을 훈장처럼 달고 있고 사회적인 위치가 있는데 어떻게 함부로 저속한 욕설을 해서 자신의 품위를 스스로 떨어트릴 수 있었겠는가. 이래저래 깨달아지는 것은 억울하고 화가 치미는 사건을 겪으면 누구나 욕설이라도 퍼붓고 싶지만, 그래서 시원한 느낌이라도 잠시 갖고 싶지만 많이들 참고 산다는 사실이다. 참으려니 또 얼마나 열불이 나고 답답할까.

욕설로 스트레스를 해소하려는 시도가 바람직하다고는 할 수 없다. 그러나 실제로는 많이들 사용하는 것 같다. 마음속으로 하는 욕설을 누가 눈치라도 채겠는가. 그것이 덕스럽지 않을지라도 약자의 분노를 삭이는 일시적인 처방은 되지 않을까. 여러분은 경우에 어긋나는 행동을 주변에서 보고 들으며 치밀어 오르는 분노를 어떻게 해소하는가.

예전에 성자라고 불리어질 만큼 세상에서 존경을 받는 분이 계셨다. 지금도 어떤 분야의 사람들에게 회자되는 내용이지만 그가 답답할 때 이런 말씀을 하신 일이 있다. "아무리 선한 사람에게도 반드시 적대시하는 사람이 있고, 아무리 악한 사람에게도 추종하는 사람이 있기 마련."이라고. 그분은 이런 현상을 보면서 얼마나 세상 풍조의 한심함에 답답해 하셨을까. 그분이 장삼이사張三李四라면 분노를 표출하기도 했을 것이다. 그러나 그분은 그런 상황에서도 온화했다. 도무지 화내는 법이 없었다. 과연 성자였다.

그분은 현직에서 은퇴하고 은거하듯이 산속에서 조용히 사셨다. 그런데 말년에 치매가 들어와 건강했던 그의 영육을 덮쳤다. 가까운 사람도 알아보지 못했다. 그런데 그 입에서 아뿔싸, 욕설이 나오기 시작했다. 물론 치매환자로서 제정신으로 하는 것은 아님이 틀림없지만 덕스러울 수가 없었다. 가끔씩 누구를 지칭하지도 않고 아무에게나 "이 씨부랄!"을 외쳤다. 그렇게 점잖으셔서 성자라고까지 불리던 분이 저럴 수가 있을까. 욕 자체를 모르는 분으로 알고 그분을 가까이에서 모셨던 사람들이 의아해하며 안타까워했다. 그러니 짐작하건대 그분이 평소에 얼마나 자신을 억누르고 살았겠는가. 성자 같다는 칭송을 아무나 듣는 게 아니다. 그분 주위엔 기분 좋은 일만 있었겠는가. 생각해 보면 오히려 그분에게 연민의 정이 가게 된다. 그동안 얼마나 참고 살았을까.

나는 어림으로 짐작은 하지만 '씨부랄'이란 욕의 뜻이 무엇인지 모른다. 그냥 화나면 내뱉는 욕설로밖에 모른다. 그 뜻이 무엇인지 자세히 알 필요조차 느끼지 않지만 그러면서도 요즘 들어 세상에 '씨부랄놈들'이 많다는 생각이 든다.

어떤 공직자가 뇌물을 먹었다고 고발을 당했다. 그 공직자는 평소에 청렴을 강조하던 사람이었다. 그러니 그 고발 사건이 사실이라면 인격적으로 매장될 일이 아닌가. 그는 조사를 받기 전에 절대로 그런 일이 자기에게 있을 수 없다고 극구 부인했다. 그런데 조사가 깊어지면서 증거가 나오기 시작했다. 나는 그가 평소에 큰소리쳤던 만큼 그 고발이 무고이기를 바랐지만 사건은 내 바람 쪽으로 가지 않았다. 고발한 내용이 사실 쪽으로 밝혀지려는 찰나에 그는 고층 빌딩에서 뛰어내렸다. 씨부랄이었다. 결백하다면 끝까지 결백을 주장하든지 아니면 자기 죄에 대하여 책임을 져야 할 게 아닌가. 왜 죽어버리는가. 그게 책임지는 일인가. 이건 동정의 가치가 전혀 없는 무책임의 극치다. 그럼에도 그렇게 죽은 사람을 위하여 찬사가 일부에서 나왔다. 죄 짓고 안 지었다고 우기다가 발각되어 자살한 사람에게 인간적 동정도 아니고 찬사라니. 언제부터 우리 사회가 이렇게 변질되어 자살을 미화하게 되었는가. 거기에도 씨부랄놈들이 많다. 성경에 나오는 "의인은 없나니 하나도 없다"는 말씀은 틀림없다. 나를 포함하여 세상에 씨부랄놈들만 살고 있는 것이다.

내가 가깝게 지내는 분 중의 하나는 누가 듣든지 말든지 마음이 뒤틀리면 대놓고 씨부랄놈들이라고 공개적으로 외친다. 거칠게 들리기도 하지만 그의 됨됨이를 알기 때문에 나는 그냥 웃기만 한다. 한편 생각하면 내게 없는 용기를 그가 갖고 있기 때문이다. 어쩌면 그 친구가 오히려 솔직하고 정직한 사람인지 모른다. 욕이 저절로 나올 수밖에 없는데 억지로 참는다면 그게 덕스러운 행동이라 할 수는 있겠지만 사실은 위선 아닌가. 욕설이 입안에서 뱅뱅 돌다가 그만 삼켜버리는 사람만이 인격자이고 점잖은 사람인가. 그 점잖다는 인정을 받기 위하여 당하는 스트레스는 누가 책임져 주는가. 누가 뭐라 하든 나도 이 지면에서 허세 한번 부려 보자. 이 씨부랄놈들아!

성자가 되기는 애초부터 글러먹은 사람이지만 이제 인격자니 교양인이니 하는 소리도 듣기 어렵게 되었다. 나도 참 못났다.

대통령 안 한다

나는 대통령을 안 할 것이다. 내가 이렇게 말하면 "누가 대통령을 시켜는 주고?"라고 비아냥거릴 사람이 많을 것이다. 솔직히 말해서 어느 누가 나를 대통령으로 뽑자고 하겠는가. 대통령 하라고 권유하는 어리석은 사람은 없을 것이다. 그러나 시켜준다고 해도 나는 안 할 것이다. 그 이유는 크게 세 가지다.

첫째 이유는 내게 자격이 없다. 내게는 나라를 다스릴 만한 경륜도 없고 온 백성을 섬길 능력도 없다. 이렇게 되면 안 하는 것이 아니라 못 하는 것이다. 사람이 자기 분수를 알아야 한다. 숭어가 뛰니 망둥어가 뛰고 망둥어가 뛰니 꼴뚜기가 뛰는 격이 되어서는 안 된다. 갓 쓰고 장에 가는 걸 보고 투가리 쓰고 따라가면 되겠는가. 우리 속담에 어물전의 망신은 꼴뚜기가 시키고 과일전의 망신은 모과가 시킨다는 말이 있다. 분수를 모르고 날뛰면 반드시 부작용이 난다. 어디 대통령직뿐이겠는가. 자격도 없는 사람이 자리만 차지하는 일이 있어서는 안 되겠다. 제발 자기 분수를 알고 뛰든지 말든지 해야 할 일이다.

둘째 이유는 용기와 배짱이 없어서이다. 나에겐 백성이 싫어하는 일을 권력을 이용하여 끝까지 밀고 나갈 배짱도 없고, 백성이 싫어는 하지만 옳은 일이기에 과감하게 밀고 나갈 용기도 없다. 특별히 우리 풍토에서 한 번 사람이 미우면 그가 하는 일은 좋은 일이건 나쁜 일이건 분별하지 않고 무조건 싫어하는 걸 나는 견딜 수 없을 것 같다.

사람이라면 누구나, 잘하는 일이 있는가 하면 잘 못하는 일이 있기 마련이다. 모두 잘 못하거나 모두 잘하는 사람은 이 세상에 아무도 없다. 그런 사람이 있다면 그는 이미 사람이 아니다. 신神이 아니면 마귀일 것이다. 하나님은 모두 잘하시지만 마귀는 모두 잘 못한다. 우리는 하나님도 아니고 마귀도 아니잖은가. 그럼에도 사람들은 모든 것을 잘하는 지도자를 원한다. 본인 또한 모든 것을 잘하고 싶지 않은 사람이 어디 있겠는가. 그러나 그럴 수 없을 뿐 아니라 사람들은 각자 자기 처지와 환경이 다르기 때문에 잘한 일도 자기에게 불리하면 잘 못한 일로 치부하고 잘 못한 일도 자기에게 유익이 될 것 같으면 칭찬하기도 한다. 이런 얄팍한 사람들 앞에 설 자신이 없다. 그렇다면 내려올 때 박수만 받고 내려오기는 어려운 현실인데 거기서 대통령 하면 무엇 하겠는가.

셋째 이유는 자유스럽지 못해서이다. 아무리 명예도 좋고 권세도 탐낼 만하지만 자유스러운 것만 못하다. 대통령이 되면 최고 통치자이기 때문에 어디를 가든 경호가 따라야 한다. 보호 받는다는 것이 좋은 일일 수 있지만 특별히 보호를 받지 않아도 안전한 것만 못하다.

나는 지금 돈만 쥐고 있으면 언제, 어느 음식점에 들어가서 마음대로 음식을 사 먹을 수 있다. 어느 시장에 들어가서 물건을 마음대로 살 수 있고 어느 공연장에 자유스럽게 들어가서 작품을 느긋하게 감상할 수 있다. 누구든 만나서 시정 얘기를 자유스럽게 나눌 수 있다. 누구의 제재도 받지 않는다. 어디를 가든 취재진들이 따라붙고 항상 감시를 받는 듯한 삶이 아니어서 좋다. 말 한마디 한 것에 대하여 시비를 걸어서 마음대로 말하지 못하는 경우라면 얼마나 답답한가. 그냥 지나가는 말로 했는데 그 진의가 어디에 있는가 캐려 들고, 공인이 그렇게 말할 수 있느냐고 대든다면 숨이 헉헉 막힐 지경이 아니겠는가. 여행도, 사람 만나는 것도 자유스럽지 못하다면 그것도 인생인가.

그래서 예수님도 사람들이 자기를 억지로 붙들어 임금으로 삼으려 하자 도망을 치셨을까?(요 6:15) 사울이 자신을 이스라엘의 왕으로 삼으려 할 때 자신의 자격 없음을 말하고(삼상 9:21) 짐 보따리들 사이로 숨었을 때 시키지 말았어야 했는지 모른다.(삼상 10:22) 그 무자격자가 왕이 된 이후에 얼마나 불행한 길을 걸었는가. 국가적으로도 불행했고 개인적으로도 비참했다. 그는 블레셋 사람들과 길보아 전투에서 패배하여 결국 자살로 생애를 마쳤다.(삼상 31:4) 부끄러운 생애였다

나는 누가 대통령 시켜줄 사람도 없지만 못하고 또 안할 것이다. 단 한 번밖에 없는 내 인생이 소중하기 때문이요, 사울처럼 자살로 인생을 마무리하고 싶지도 않기 때문이다.

대통령감을 팝니다

우리나라는 국토의 면적이 좁다. 그나마도 이념의 갈등으로 남북이 갈라져 있는 비극의 나라다. 넓은 나라의 한 개의 주州만도 못하다. 부존자원도 많지 않다. 그러면 세계가 무한경쟁의 사회가 된 오늘날의 우리는 어떻게, 무엇으로 살아야 하는가. 지혜로 살아야 하고, 근면으로 살아야 하고, 창의력으로 살아야 한다. 부가가치가 높은 상품을 개발하여 생산하고 판매해야 한다. 무역이 필수다. 품질이 우수한 상품을 많이 팔아야 한다.

나는 요즈음 좀 엉뚱한 생각을 해 보았다. 외국에 수출할 수 있는 기발한 상품이 없을까. 그래서 생각해 낸 것이 대통령감이다. 작은 나라에 웬 대통령감이 이리도 많은가. 선거철이 되니까 걸이나 개나 자신만이 위대한 대한민국의 대통령으로 적합하다고 외치고 나온다. 자신의 자격만 이야기하는 것이 아니라 출마하는 다른 사람이 부적당하니까 내가 적격이라고 목청을 돋운다.

정확히 말하면 오늘날의 대통령은 국민의 지도자이면서 국민을 섬기는 사람이다. 그들에게는 나라를 통치하기 위한 수단으로 권력이 주어진다. 그런데 그 권력을 잘못 사용하여 지도자라기보다는 지배자로 군림하는 경우가 많았다. 그러나 역사가 그들을 내버려두었는가. 권좌에 앉았던 기간은 짧았고 그들의 최후는 비참한 경우가 많았다.

예수님께서 사도의 길을 걷지 않은 가룟인 유다를 향하여 "그 사람은 차라리 나지 아니하였더라면 자기에게 좋을 뻔하였느니라"(막 14:21)고 말씀하신 바 있었는데 그런 사람들은 차라리 대통령을 하지 않았더라면 나라에나 자신에게나 얼마나 좋을 뻔했겠는가.

우리나라만 보더라도 역대 대통령들 중에는 두고두고 욕먹는 사람들이 있다. 쫓겨난 사람, 임기를 마치고 감옥에 다녀온 사람, 부하에게 총 맞아 죽은 사람, 자살한 사람도 있다. 그럴 바에야 왜 그런 자리를 탐내었는가.

그럼에도 내가 대통령감이라고 줄지어 나서고 있으니 이를 어떻게 해야 하는가. 단 한 명만 필요한데 수없이 내가 적격이라고 나서는 데는 막을 길이 없다. 그래서 생각해 보니 수출하는 길밖에 없을 것 같다. 운동을 잘 가르치는 감독과 코치도 사오고, 예술이나 학문에 탁월한 분들을 교수로 초빙하고, 총장으로 세우기도 하고, 유수한 경영자나 석학을 모셔다가 배우는 판에 정치를 잘하고 경제를 일으키는 대통령감이 있는데 관심이 없겠는가.

어려웠던 시절에 머리카락도 잘라서 팔고, 피도 팔고, 무엇이든지 팔 수만 있으면 팔았던 시절이 있었는데 위대한 대통령감이라면 최고의 상품이 될 수도 있으리라. 대통령으로 입후보하지 말라고 할 것이 아니라 오히려 대통령감을 더 많이 양성하여 수출하면 경제에도 도움이 되고 대한민국이 다소 조용하지 않겠는가.

누가 우리 정치인을 사간답디까? 하고 묻지 말라. 그런 복잡한 사항은 그때 가서 알아볼 일이고 지금은 처치하는 일이 급선무 아닌가. 안 팔리면 바겐세일하고 그것도 안 되면 속된 표현으로 땡처리라는 것도 있지 않은가.

저게 뉘 집 자식이냐?

그때 우리들이 가장 무서워하던 말 중에는 "저게 뉘 집 자식이냐?" 하는 동네 어르신들의 꾸중이 있었다. 어르신들은 우리들의 행동이 당신들의 눈에 거슬리기라도 하면 여지없이 "저게 뉘 집 자식이냐?"고 물었다. 몰라서도 물었지만 뻔히 알면서도 물었다. 그러면 우리는 참으로 부끄러웠다. 우리의 행동에 대해서 반성을 하지 않을 수가 없었다. 내 행동 때문에 내가 욕을 먹는 것은 당연하지만 나 때문에 내 부모님과 조상에게 욕이 돌아간다는 사실이 정말 부끄러웠던 것이다.

그런 의미에서 "너희 선생님이 그렇게 가르치던?" 하는 꾸중도 마찬가지였다. 우리의 못마땅한 행동이나 부도덕한 행실을 보면 어르신들은 그렇게 혼을 내는 경우가 많았다. 그러면 우리는 정말 쥐구멍이라도 있으면 들어가고 싶을 정도로 부끄러움을 느껴야 했다. 역시 내 잘못으로 내가 욕을 먹는 것은 당연하지만 나를 가르쳐주시는 선생님께 욕이 돌아간다는 것이 죄송했던 것이다. 요즈음에도 남의 자식의 비행을 보면서 책망하시는 어르신이 있을까 싶다. 그리고 그런 책망을 들으면서 자기반성을 하고 부끄러움을 느끼는 아이들이 있을까 싶기도 하다.

나는 매일 새벽 4시 이전에 일어난다. 새벽기도회에 나가기 위해서이다. 일어나서 아파트 뒤편에 있는 휴식공간으로 간다. 거기에는 느티나무 아래 벤치도 몇 개 놓여 있고 간단한 운동기구도 있다. 운동기구라야 윗몸일으키기 운동, 팔굽혀펴기 운동, 몸을 좌우로 흔들거나 앞뒤로 흔들어 허리운동을 하도록 만드는 기구 등 대여섯 가지다. 나는 그곳에 가서 한 20분 동안 가벼운 운동을 한 다음 교회로 향한다.

　그런데 그날 새벽엔 여자아이 셋이 벤치에 앉아 얘기를 나누고 있었다. 갓 고등학교를 졸업했거나 그 정도 나이쯤 되는 아이들인데 그 새벽에 그곳에 앉아 담배를 피우고 있었다. 내가 그 자리에 들어서는데도 아랑곳하지 않고 계속 담배를 피우며 얘기를 나누었다. 내가 운동을 하는데도 그들의 행동은 계속되었다. 채 1m도 안 되는 거리에서였다. 예전 같으면 감히 상상도 할 수 없는 일이지만 요즘 세상엔 어디 그런 정도 가지고 탓할 수 있는가. 괜히 상관했다간 봉변이나 당할 게 뻔하기 때문에 그저 운동만 하고 가기로 마음먹었다. 그런데 문제는 내가 팔굽혀펴기 운동을 하는 동안 역겨운 담배 태우는 냄새가 솔솔 내 코에까지 들어오는 것이었다. 그것도 참아야 했는데 나는 그만 한마디를 하고 말았다.
　"얘들아, 담뱃불 좀 끌 수 없니? 냄새가 내게까지 온다."

　마음속의 울컥하는 감정을 억제하면서 나름대로 점잖게 말했다. 내가 당하는 간접흡연을 말한 것이다. 그러나 그 순간 나는 심한 낭패감을 느끼지 않을 수 없었다. "새벽부터 재수없게!" 하는 소리가 들리진 않았다. 그러나 그들이 동시에 일어나서 손에 들고 있던 담배를 내팽개

치듯 땅바닥에 던지고 떠날 때 그 소리가 들리는 듯싶었다. 그러나 땅바닥은 그냥 흙이 아니라 화학제품으로 깔아놓은 것이다. 당연히 담뱃불이 닿으면 타서 구멍을 내게 되어 있는 것이다. 그들의 행동이 너무 괘씸해서 나도 모르게 내가 "저런!" 하고 한마디 하려다가 말문이 막혔는데 뒤따르는 아이가 "끄면 되잖아요!" 하고 퉁명스럽게 내뱉으면서 담뱃불을 발로 짓이기고 가는 것이 아닌가. 순간 나는 내 머리가 그의 발밑에서 짓이겨지고 있는 느낌을 받아야 했다.

이제는 "저게 뉘 집 자식이야." 하고 책망할 수도 없고 그런 책망을 부끄러워하는 아이도 없는 세상이 되었다. 남에게 피해가 가도 자기 좋은 대로 하는 것을 자유로 아는 세상. 평등과 인격이라는 이름으로 위계질서가 파괴되어도 괜찮다고 여기는 세상. 무질서한 행동도 개성으로 여기는 풍조. 그런 행동을 탓하면 간섭이라고 짜증을 내는 세상에서 우리는 지금 살고 있다. 사회복음주의자들은 이 세상이 점진적으로 발전하다 보면 장차 이 땅에 천국이 건설될 것이라고 말한다. 그들은 지금 이 세상은 발전하고 있다고 생각하는 것이다. 과연 그런가. 무엇이 발전이요, 진보인가. 물질적으로 풍요로워지고 기계문명이 발달하고 그래서 정밀해지고 빨라지고 몸이 편해지는 것을 말하는가. 아이들이 거스르는 행동을 해도 낭패나 봉변을 당하기 싫어서 입을 다물어야 하고 아픈 가슴 쓸어안고 눈살만 찌푸리며 참아야 하는 것이 장차 천국으로 가는 발전이요, 진보인가.

부자유스럽더라도 어른들 앞에서는 담배를 피우지 못하던 때가 그립다. 괜히 상관한다 싶어도 "저게 뉘 집 자식이야!" 하며 잘못을 책망해 주던 이웃 어르신들이 있던 시대가 그립다. 물론 여러 경우가 있겠지만 그렇다 할지라도 어떤 교육학자나 인권론자들이 아이들의 인격을 무시하면 안 된다고 그들의 행동을 두둔하거나 옹호할지라도 나는 아니다. 다소곳이 어르신들의 말씀을 두렵게 여기며 경청하고 반성할 줄 알았던 시절이 그립다. 돌아갈 수 없는 일이지만 옛 사상으로 돌아가는 것을 퇴보로 여기는 사람이 많을지라도 나는 그 시절의 어르신들이 그립다.

어디서 "그래서 당신은 꼰대야!" 하는 소리가 들려오는 것 같다. 그래서 내가 꼰대라는 말을 들어야 한다면 그냥 꼰대로 살다가 가리라.

외롭지 않다

나는 그 사람의 이름도 모른다. 같은 아파트 단지에서 살았지만 일면식도 없었다. 모 대학의 교수요, 50대 초반이었다는 사실만 오늘 아침에 들었다. 그가 죽었단다. 독약을 먹고 죽었을 것이라고 추측하는 모양이었다. 죽은 지가 열흘이 넘었는데 아무도 그 사실을 몰랐단다. 동료 교수가 여러 번 집으로 전화를 해도 받지 않을 뿐 아니라 아무 소식도 없어서 따로 사는 그의 모친에게 전화를 드렸더니 그의 모친께서도 글쎄 웬일인지 전화도 안 받고 연락도 두절이라고 똑같은 말을 하더란다. 결국 그의 모친께서 아들의 아파트를 찾아가 문을 열었더니 이런, 아들의 시체가 침대에서 부식되어 있더란다. 경찰에 신고하여 현장 조사를 받았는데 "외롭다"는 종이쪽지 하나만 남겨져 있더라고. 그러니 자살로 추정할 수밖에.

40평이 넘는 아파트 공간이 그를 허전하게 했으리라. 아내가 이혼하고 떠날 때 두 아들은 자신이 양육하겠다며 데리고 갔단다. 가족이 함께 살 때는 이 공간이 얼마나 활기찼겠는가. 그러나 홀로 남은 공간은 지난날보다 훨씬 더 넓어 보였을 것이다. 휑댕그렁했을 것이다. 그것이 "외롭다"는 한마디를 남기고 떠나게 된 동기가 되었을 것이고.

그때서야 같은 아파트에 살던 사람들이 비로소 이상한 냄새의 원인을 찾아낸 것이다. 얼마 전부터 고약한 냄새가 나서 '이게 무슨 냄새지.' 하면서 코를 킁킁거렸단다. 그렇다. 시체가 썩어가는 냄새를 무관심한 사람들이 알 리 없었다. 진정 이웃이란 거리 개념이 아니다. 관계 개념이다. 거리가 아무리 가까워도 관계가 없으면 이웃이 아니다. 오히려 멀리 살아도 관계를 맺고 살면 이웃이 되는 것이다.

외롭다는 감정은 인간에게 있어서 원초적인 것이다. 창조기사에 의하면 하나님이 처음 사람을 만들고는 매우 흐뭇해하셨다 한다. 그러나 그가 혼자 사는 것이 좋지 않게 보여 돕는 배필을 지으리라 생각하고 남자를 잠들게 한 후 그의 갈비뼈 하나를 꺼내 여자를 만들었다 한다. 이리하여 가정이 탄생되었는데 그 가정은 외롭지 말라고 주신 행복의 보금자리요, 모든 사회의 기초가 된다. 그럼에도 사람은 근본적으로 외로움에서 벗어나지 못하는 것 같다. 거기에서 벗어나려고 몸부림치다가 죽는 존재는 아닐까. 따지고 보면 우리가 삶을 영위하며 어떤 일에 몰두하는 근저에는 외로움을 벗어나려는 노력이 들어 있다. 사랑을 하고, 돈을 벌고, 오락을 즐기고, 취미생활을 하고, 사람을 사귀고 하는 모든 일이 소외되지 않으려는 노력이요, 외롭지 않으려고 안간힘을 쓰는 모습일 수 있다.

"군중 속의 고독." 틀린 말이 아니다. 세상에 진정으로 나를 이해해 줄 사람이 얼마나 있는가. 속시원하게 마음을 털어놓을 수 있는 사람이 드물다. 배우자와 자식이 그래도 나를 가장 잘 이해해 줄 수 있는 사람이라고 우리는 생각한다. 그렇다. 평상시에 그들의 조언이나 격려는 정말 따뜻하다. 그러나 그럼에도 내가 어떤 책임을 수반하는 결정을 할 때는 언제나 혼자다. 마지막 도장은 내가 찍는다. 적어도 나는 지금까지 그런 느낌을 가지고 살아왔다.

세상을 떠나는 날, 같이 가 줄 수 있는 사람이 있는가. 임종의 순간을 수없이 보아왔지만 언제나 떠나는 사람은 고독하게 그 길을 갔다. 울며 안타까워하는 배우자나 자녀들에게 가신 분에 대한 설움이 왜 없겠는가만은 자기 설움이 더 커서 우는 것 같기도 했다. 떠나는 길을 막지도, 막을 수도 없는 무능자로 남아서 장차 나는 어떻게 살 것인가 하는 것이 슬픔의 주된 원인은 아니던가.

결국 인생이란 외롭게 태어나서 외로움을 벗으려고 발버둥치다 외롭게 떠나는 존재라고 정의한들 그게 아니라고 팔 걷어붙이고 대들 사람이 있겠는가. 한편 생각하면 우리는 그런 인생을 산다. 그렇다고 낙심하지는 말자. 포기하지도 말자. 외롭지 않으려고 노력조차 하지 않는 것은 비참한 일이고 더 외로워지게 하는 일이다. 방법이 없는 것은 아니리라. 외로움을 끌어안자. 그리고 외로움을 달래 줄 사람을 찾아다니지 말고 적극적으로 외로운 사람을 찾아 나서야 한다. 그리스도는 하늘 보좌 버리고 찾아오셨다. 일생 가족 없이 지냈다. 피곤할 때 잠시 옷 벗어놓고 쉴 집 한 칸도 없었다. 사랑하는 제자들조차 때로는 자신의 생각을 이해하지 못하고 엉뚱한 소리를 하기도 했다. 누구보다도 외로울 수 있었다. 그러나 소외된 사람들을 찾아다니느라 그 외로움을 잊었을까. 결국 외로운 인생들을 위하여 십자가 형틀에 달렸다. 그는 거기서 "내가 목마르다."고 했다. 그러나 끝내 외롭다는 말은 하지 않았다.

설마병 환자

유비무환有備無患이란 말이 소중하게 여겨지던 때가 있었다. 아마 5.16 직후였을 것이다. 굳이 해석을 한다면 미리 대비하면 큰일을 막을 수 있다는 뜻이리라. 이 말은 그러나 언제든지 소중히 여겨져야 할 말이다. 큰일을 만나고 나서 후회하는 일이 우리 주변에는 자주 일어나기 때문이다. "그때 미리 준비했더라면 그렇게까지 되지는 않았을 터인데." 하는 후회를 안 해 본 사람이 얼마나 있으랴. 알고 보면 우리는 모두 설마병 환자들이다. 옆에서 교통사고를 만나 죽는 사람이 있어도 설마 내가 교통사고를 만나겠느냐, 하는 것이다. 이웃에서 끔찍한 상해나 강도 사고가 나도 설마 나한테 그런 일이 일어나겠느냐, 하고 생각하는가 하면 이웃이 당뇨병, 고혈압, 심장질환으로 쓰러져도 자신하고는 무관한 것으로 치부해 버린다. 담력이 세서 그렇다면 그래도 괜찮다. 그러나 그게 아니다. 암癌이나 치매보다 더 무서운 설마병이라는 질환을 앓고 있는 것이다.

내 가형家兄이 그랬다. 건강했다. 누가 봐도 혈색도 좋고 활동적이었다. 저 사람에게 무슨 병이 있을 것이라고 생각하는 사람은 아무도 없었다. 본인도 그렇게 생각했다. 병원에 가는 것을 싫어했다. 소화가 안 되면 참든지 아니면 아무 약국에나 들어가서 손쉽게 구할 수 있는 소화제를 사 먹었다. 그리고 조금만 몸이 이상해도 병원을 찾는 사람들을 비웃었다. 그런데 이거 좀 이상한 게 아니냐 하는 단계에 이른 것이다. 허실 삼아 가까운 병원을 찾았다. 의사가 진찰을 해보더니 큰 병원으로 가라고 하지 않는가. 가서 진찰을 받아보니 췌장암 말기라는 것이었다. 손을 쓰기에는 너무 늦었다는 판단이 나왔다. 가족들에게 길면 3개월이라는 선고를 내려주었다.

이 진단을 받고 형님은 난처한 표정이 되었다. 불길한 고지를 듣고 비로소 후회하는 눈치가 나타나기 시작했다. 갑자기 입맛을 잃고 먹지를 못했다. 얼굴이 수척해져 갔다. 자기의 병을 몰랐을 때와 알고 나서가 이렇게 다를 수 있을까. 형님은 한 2-3년만 더 살아도 계획한 일을 마칠 수 있을 텐데, 하는 아쉬움을 드러냈다. 2-3년이 아니라 2-3개월도 어렵다는 판국에 삶에 애착을 느끼고 있었다. 생사가 하늘에 달렸으니 그 섭리에 맡기고 그냥 사는 데까지 사는 게지 뭐, 하는 식으로 산다면 따로 할 말은 없지만 그래도 사람이 조심할 것은 조심하고, 미리 준비할 것은 준비하고, 예방할 것은 예방하려는 자세는 필요하다고 본다. 왜냐하면 모든 일은 언제나 치료하기보다는 예방이 낫기 때문이다. 방심하거나 방치했다가 호미로 막을 데 가래로도 안 되는 경우가 있지 않은가.

이 세상은 사고나 사건이 빈번하게 일어나는 곳이다. 문명의 발달은 더 많은 사고를 유발할 것이다. 그리고 그중에 가장 중요한 특색은 예고 없이 찾아온다는 사실일 것이다. 그런데 그 사고가 나하고는 무관하다고 생각한다면 낙천적인 성품이라서가 아니라 무책임이다. 순박한 것이 아니라 어리석은 것이다. 우리는 언제든지 사고의 당사자요, 피해자가 될 수 있다. 항상 남의 일로만 여길 것이 아니라 대비하는 삶이 필요하다. 사회정의를 위해서 주변에서 일어나는 부정이나 불의에 무관심하기보다는 같이 아파하고, 같이 분노하고, 같이 해결하며 감시하는 노력도 필요하다.

물론 완벽한 방비는 있을 수 없다. 그러나 그렇다고 포기하거나 방기하는 것은 게으름이요, 책임회피요, 직무유기요, 병이다. 병이라면 세상에서 가장 무서운 병이다. 모르면 몰라도 우리나라 사람에게 가장 많고 심각한 질병은 아마 설마병이 아닐까 싶다. 지금도 그 설마 때문에 옆에서 무너지고, 다치고, 손해를 입고, 죽어가는데 여전히 우리는 설마 그럴 리가 없다고 생각한다. 항상 그맘때가 되면 일어나는 자연재해도 이번에는 그냥 지나가겠지 하고, 똑같은 사고가 반복되어 일어나도 개선해야 한다고 생각하기보다 사고가 다시 나지 않기를 바라는 요행수나 꿈꾼다. 병이 들어도 깊이 든 게다. 고질이 되었다.

아차, 나도 지금 이럴 때가 아니다. 다음 주일에 선포할 설교가 아직 준비되지 않았다. 딱 당해서 당황하지 말고 지금 차분하게 준비해야 한다.

바닥

　나는 바닥이란 말이 좋다. 본래 이 말은 '평평하게 넓이를 이룬 면面'을 가리킨다. 그러나 다양한 분야에서 다양한 형태로 응용되고 있다. 가령 피륙의 짜임새를 말할 때 바닥이 곱다고 한다든지 어떤 지역을 말할 때 서울 바닥이니 종로 바닥이니 하고 사용한다. 속마음을 나타낼 때도 쓴다. 그래서 "바닥을 다 보았다." 하면 그 사람의 속내를 알아냈다는 뜻이 되고, 경제적으로 밑천이나 재산이 거덜났을 때 바닥났다고 하며, 형편이나 생계가 곤란할 때 "바닥을 긴다." 또는 "바닥을 긁다."라는 표현을 쓰기도 한다. 사람의 몸인 어떤 부분에도 사용한다. 손바닥, 발바닥, 혓바닥, 낯바닥 등이 그렇다.

　그러나 바닥이라는 말은 대체로 낮은 자리, 또는 그 위치를 말할 때 쓴다. 밑바닥, 땅바닥, 길바닥, 논바닥, 강바닥이 그렇고 건축물에서 방바닥, 마루바닥, 욕실바닥 등으로 사용된다. 나는 이렇게 사용될 때 '바닥'이 맨 밑을 가리키면서 그 위치의 소중성 때문에 좋다. 평안히 방바닥에 누워 위를 바라볼 때, 만약 바닥이 없으면 벽도 필요 없고 천장도 필요 없지 않은가 하는 생각이 들어 바닥이 있다는 사실에 감사한다. 땅바닥도 길바닥도 낮은 자리에 있으니 논밭을 만들어 곡식과 나무를 심어 양식을 얻고 길을 만들어 사람이 오가는 편의를 제공받지 않는가. 사실 땅이란 밑바닥이 없다면 하늘의 존재 의미도 없을 것이다. 그래서 바닥이 있다는 사실에 감격한다.

경제적으로 손해를 입는다는 의미로 주가株價가 바닥이니, 물가나 집값이 바닥이라 해도 나는 낙심되지 않는다. 그런 것들은 언젠가 다시 오를 수 있다는 소망이 있기 때문이다. 성적이 나빠서 '바닥 수준'이라 해도 용기와 노력만 있다면 부끄럽지 않다. 사실 꼴찌 하기는 1등 하기보다 어렵다. 1등은 서로 하려고 하니까 경쟁이 되기 때문에 어렵고 꼴찌는 서로 안 하려고 하여 경쟁이 없으니까 더 어렵다. 또한 꼴찌 없는 1등도 있을 수 없는 것이다. 바닥은 그래서 부끄럽지 않은 것이고 얼마든지 노력 여하에 따라서 위치를 바꿀 수 있기 때문에 소망이 된다.

그러나 인격이 바닥이 되는 것은 조심해야 할 일이다. 사람이 세상을 함부로 살면 무례하고, 무례하여 부도덕하면 인격적인 대접을 받을 수 없다. 그야말로 인격이 바닥을 기는 신세가 된다. 그러나 나는 바닥의 위치에서 남을 존중하고 섬기는 사람을 존경한다. 그 용기와 헌신이 부럽다. 예수 그리스도는 제자들의 발을 씻어주었다. 사실은 그런 사람이 위치적으로 위에 있는 위인이다. 내 속에는 나도 바닥이 되어 남을 섬기는 위치에서 살고 싶은 생각이 있다. 방바닥이 되어 피곤한 사람이 누울 수 있고, 논이나 밭의 바닥이 되어 양식을 거두게 하고, 길바닥이 되어 사람들이 밟고 지나가게 하고 싶다. 나는 힘들지만 내 희생으로 모든 사람이 편하고 유익하다면 그것은 한평생의 보람이 되지 않겠는가.

장애인 인증서

내가 장애인이 되었다. 동洞 자치센터로부터 '장애등급 결정서'를 받았다. 일종의 장애인 인증서인 셈이다. 내가 국가가 인정하는 장애인이 된 것이다. 사실은 장애인 인증서를 받아서 비로소 장애인이 된 것이 아니라 장애인이기 때문에 장애인 인증서를 받은 것이다. 그럼에도 우리 사회는 사지가 멀쩡하다는 이유로 나 같은 장애인은 인증서가 없으면 장애인 취급을 안 해 준다. 장애인이 되는 것이 무슨 자격을 취득하는 것처럼 어려운 검사를 통해서 결정되는 것이다. 멀쩡한 사람들이 장애인에게 주는 혜택을 받기 위해서 장애인인 것처럼 속이려 들기 때문에 정부로서는 그렇게 꼼꼼하게 검사를 해서 진정한 장애인을 가려내고 또 인증을 해 주겠지만, 내 입장에서 보면 참으로 남의 말을 알아듣지 못해서 느끼는 답답함보다 더 답답한 노릇이다.

나는 청각에 이상이 있다. 어렸을 적에 중이염을 앓았는데 이게 말썽을 부리더니 고질이 되었다. 멀쩡하다가 느닷없이 귀가 가려워서 보면 진물이 난다. 병원에서 치료를 하면 즉시 멈춘다. 통증은 없지만 얼마나 귀찮은 일인가. 수술을 하는 게 어떻겠느냐 해서 전신마취를 하고 수술도 받았다. 얼마 동안은 아무렇지 않았는데 또 도졌다.

사건은 그것으로 끝나지 않았다. 나이가 들면서 이제 남의 말을 알아듣는 게 영 신통치 않게 되었다. 어느 종합병원 의사에게 상담을 했더니 청력은 더 좋아지는 법이 없으니 그냥 그렇게 견디며 살라고 했다. 고칠 수 없으니 대충 살다가 가란 뜻 아닌가. 이런 무책임한 말이 또 어디 있는가. 의사라는 사람이 환자에게 그런 식으로 말한다는 것은 정말 화나는 일이었지만 어떻게 하랴. 병든 것은 내 몸이고, 답답한 것은 나일뿐이다. 어쩌면 그 의사야말로 솔직한 분이란 생각이 들었다. 자신의 능력으로 고칠 수 없는데 쓸데없이 환자를 위로한답시고 고칠 수 있는 것처럼 엉뚱한 처방을 하며 시간을 끄는 것보다 낫지 않은가.

문제는 나이가 들수록 청력이 더욱 떨어진다는 사실이다. 헬렌 켈러가 말했다고 하던가, 시각을 잃으면 사물과 멀어지고 청각을 잃으면 사람과 관계가 멀어진다고. 실로 사람을 만나 대화하기가 두려울 때가 있다. 평소 자주 만나고 흉허물이 없는 관계는 괜찮다. 그러나 낯선 사람을 대할 때는 조심스러워진다. 모든 장애가 사회생활에 어려움을 주지만 남의 말을 알아듣지 못하는 것도 참으로 답답한 노릇이다. 직업상 다른 사람과 대화를 많이 하고 상담을 자주 해야 하는데 내담자의 말을 알아듣지 못해 되묻거나 좀 크게 말해 달라고 부탁하는 게 여간 미안한 노릇이 아니다. 내 자신도 답답한데 상대방은 얼마나 답답하겠는가. 그래서 보청기를 착용하기로 했다. 주변 사람들이 내게 보청기 사용을 더 간곡하게 요구했다. 그들이 나보다 더 답답했던 것이다. 신문 광고를 보고 보청기 센터를 찾아갔다. 나는 그냥 청력검사를 하고 나서 적당한 것을 귀에 집어넣으면 되는 줄 알았다. 그런데 그게 아니었다. 어떤 것을 구입하느냐가 결정되면 여러 번 내 몸에 맞도록 조절해야 하고,

내 몸에 적응이 될 때까지 훈련해야 한다는 사실도 비로소 알았다. 안 들어도 되는 소음까지 다 인지되기 때문에 소음과 들어야 할 소리를 구별해 내는 능력이 생겨야 하는데 그 인지능력은 뇌가 감당한다는 게 아닌가. 나이가 들면 대개 그렇다지만 나도 갈수록 단순한 것이 좋아진다. 조금만 복잡하고 까다로우면 귀찮다. 그런 내가 보청기를 착용하여 몸에 익숙할 때까지 훈련을 받아야 한다니 일단은 기피하고 싶었다. 그러나 어쩌랴. 현실은 기피하고 싶은 마음을 포기하게 만들었다. 울며 겨자 먹기식으로, 보청기를 끼고 익숙해질 때까지 훈련을 받아야 했다.

먼저 청력검사를 했다. 검사를 하나마나 내가 장애인이란 사실을 나보다 잘 아는 사람이 누구겠는가. 오른쪽 귀는 거의 듣지 못하고 그나마 왼쪽의 청력이 조금 남아 있어서 대화를 하고 있는데 말이다. 청력검사를 마친 다음 원장님이 이 정도면 장애인 등급을 받을 수 있다고 했다. 그도 그럴 것이 오른쪽은 거의 들을 수 없는 상태고 그나마 들을 수 있는 왼쪽 귀의 고막엔 구멍이 뻥 뚫려 있기 때문이다. 그러지 않기를 원하지만 언제 전혀 소리를 들을 수 없을 때가 올지 모르는 상황이다. 그나마 지금까지 나는 오른쪽보다 왼쪽 귀가 들리는 것을 감사하게 생각하며 살아왔다. 습관상 전화를 할 때에 왼손으로 수화기를 들어 왼쪽 귀에 대기가 용이하고 오른손으로는 메모를 할 수 있기 때문이었다. 지금은 면전에서 상대방의 얘기를 듣는 것보다 전화로 대화하는 게 편하다.

보청기는 여러 종류가 있고 성능이 좋다는 유명 제품은 가격도 만만치가 않다. 사람들은 자신이 청각에 장애가 있다는 사실을 숨기기 위해서 귓바퀴에 거는 것보다 귀 안에 집어넣는 형태가 비쌈에도 그걸 선호

한다. 그러나 나는 귓바퀴에 거는 것으로 하겠노라고 했다. 청력에 장애가 있다고 하는 것이 자랑스러운 일은 아니지만 죄는 아니잖는가. 시력이 약하면 안경을 쓰고 청력이 약하면 보청기를 하는 것이지 그게 결코 부끄러운 일일 수는 없다. 우선 값도 싸다. 보청기 센터의 원장님은 내 주장에 기쁘게 동조하면서 장애 등급을 받으라고 권했다. 장애인에게 약간의 기관 보조가 있다는 것이다. 검사를 해 주는 병원까지 소개해 주어 청력검사를 하고 그 내용을 동사무소에 제출했다. 무슨 엄격한 자격시험처럼 3회에 걸쳐 정밀하게 청력검사와 뇌파검사를 해야 했다.

지금 나는 보청기를 착용하고 있지만 본래의 내 귀가 듣던 것하고는 차이가 많다. 아무리 과학이 발달한들 본래 조물주께서 주신 것과 어떻게 비교할 수 있겠는가. 그러면서 생각한다. 육신적 장애가 불편한 것은 부정할 수 없다. 이 불편을 안다면 남에게 불편을 끼치지 말아야 한다. 오늘날 우리 사회에 빈번하게 일어나고 있는 정신적 장애를 가진 사람들의 부끄러운 일이나 부도덕한 행동을 내가 하지 않고 산다는 게 얼마나 다행인가. 성경은 만일 네 눈이 너를 범죄하게 하거든 빼어 내버리라고 했다. 불구자로 영생에 들어가는 것이 멀쩡한 몸으로 지옥불에 던져지는 것보다 낫기 때문이다.

나는 국가가 인정하는 장애자가 되었다. 거듭 말하지만 자랑스럽지도, 그렇다고 부끄럽지도 않다. 불편할 따름이다. 할 수 없다. 내게 따르는 불편은 참으며 이겨나가야 한다. 남에게 혜택은 주지 못할망정 불편이나 부끄러움을 끼치는 삶을 살아서는 안 된다. 건강은 잃었지만 건전한 사람으로 남은 생애를 살고 싶다.

바보와 신사

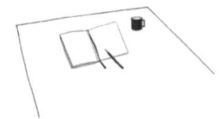

　우리 사회는 흔히 몸가짐과 옷차림이 말쑥한 남자에게 신사紳士라는 이름을 준다. 그러나 진정한 신사는 예절이 밝아야 한다. 품행이 방정하고 교양과 인격을 갖추어야 한다.

　신사 한 분을 만났다. 처음 뵙는 분이 아니고 같은 노회 소속의 목사님이시다. 자주는 아니더라도 어떤 회합 같은 데서 얼굴을 뵙는 분이신데 이번에 이분의 신사 됨을 처음 발견한 것이다. 그동안 나는 이분에 대해서 신실하게 목회하시는 분으로만 알고 있었다. 그런데 보석은 잡석에 섞여 있다 할지라도 언젠가 발견될 때가 있는 것처럼 드디어 내 눈에 영롱하게 자신을 드러낸 것이다.

　내가 책을 한 권 냈다. 스스로 대단한 작품이 아니지 싶어 망설이다가 한 권을 드렸다. 그랬더니 이 목사님이 내가 받기로는 과분한 격려와 함께 감사하다는 인사를 하시는 게 아닌가. 그리고 댁에 들어가셔서 전화를 주셨다. 고맙다는 말씀과 함께 오해는 하지 마시라는 전제하에 나의 은행 계좌 번호를 알려 달라는 것이었다. 책을 받았으니 책값을 조금 보내 주시겠다는 것이었다. 내가 아니라고, 그냥 읽어 주시는 것만으로도 감사하다고 극구 사양했더니 당신 자신은 누구한테라도 저자로부터 책을 받으면 그냥 넘기지 않는다는 것이었다. 꼭 책값이라기보다는 격려와 감사의 표시를 그렇게 한다는 것이었다. 그리고 덧붙이기를 은행 계좌를 알려주지 않으면 우체국에 가서 송금환으로 바꾸어 보내는 복잡한 절차를 밟아야 하니 제발 자신에게 번거롭게 하지 말아 달라는 것이었다. 더 빠져나갈 구멍이 없었다. 지나친 사양은 그분에 대한 예절이 아닌 것도 같고, 간곡한 마음을 저버리는 일 같아서 허락을 하고 말았다.

내게 이런 일은 처음이다. 어떻게 보면 남의 호의를 돈으로 계산하는 것 같기도 하지만 진정으로 마음을 읽으니 아무리 생각해도 이 목사님이야말로 오늘날의 신사가 아닌가 하는 생각이 들었다. 책을 귀하게 여기는 마음과 책을 저술한 사람에 대한 깍듯한 경의심과 격려를 이렇게 표현할 수 있다면 그 사람이야말로 진정한 신사가 아니겠는가. 보내주신 금액도 정가의 열배에 가까운 것이었다.

예전엔 책이 귀했다. 적어도 내가 어렸을 때는 귀했다. 책을 빌려 볼 수 있다면 먼 곳을 마다하지 않고 달려갈 때가 내게도 있었다. 밤새워 읽은 기억도 많다. 그 책이 양서인가, 통속소설인가 가리지 않았다. 닥치는 대로 읽었다고 해야 맞을 것이다. 배고픈 사람이 진밥, 된밥, 찾을 계제가 아니었다. 말하자면 책에 허기져 살았다. 읽을 수 있다는 것이 마냥 좋기만 했다. 그리고 이런 글을 쓰고 책을 내는 사람은 얼마나 대단한 사람일까 하여 존경의 마음을 드렸다. 건방진 생각이었지만 나도 그런 사람이 될 수 있을까 하는 생각도 했다.

그런데 지금은 글 쓰는 사람도 많고 책도 많이 쏟아져 나온다. 자기의 전공 서적이 아닌 타분야의 책은 읽을 시간이 없을 정도다. 그러다 보니 책이 귀한 줄을 모르게 되었다. 책을 읽지 않아도 여러 매체를 통해서 많은 지식과 정보를 얻을 수 있다. 이런 현상은 책을 읽지 않아도 살아가는 데 지장이 없다는 생각이 들게 할 수도 있다.

그렇다면 이런 풍조 속에서도 글을 쓰고 책을 내는 사람은 시대에 뒤떨어진 바보들인가. 그렇다면 그 바보들이 내는 책을 밤새워 읽는 사람은 또 누구들인가. 그들이 바보라면 나도 바보가 되고 싶다. 그리고 기왕에 바보 취급을 받을 바에는 상 바보가 되고 싶다. 그래서 많이 쓰고 많이 읽고 싶다.

아, 그러나 아직도 이 세상에 이런 바보들이 있다는 것은 얼마나 다행인가. 나는 내 책을 받고 자원해서 책값을 보내주시는 사람이 있다는 사실에 감격한다. 그분이 책값을 보내면서 그 책을 읽지 않겠는가. 요즘은 기증받은 책, 다시 말하면 공짜로 얻은 책은 읽지 않을 소지가 많다는 얘기를 들은 일이 있다. 내 책을 받고 고마운 마음과 격려하는 마음으로 책값을 보내신 그 목사님은 그 책을 읽으실 것이다. 그렇다면 그분은 내 글의 독자다. 책을 낸 사람에게 있어서 독자 한 분은 얼마나 소중한가. 보람을 얻게 해 주시는 분이다.

이래저래 나는 오늘 행복하다. 신실한 독자 한 분을 만나고 신사 한 분을 발견했으니 말이다.

제4부
산에서 만나는 여인

써레

나는 형제들로부터 써레라는 별명을 얻은 적이 있었다. 5남매가 좁은 집에서 북적대던 어린시절이었다. 윗니 한가운데의 이 사이가 조금 벌어져 있어서였다. 다른 형제들은 덧니 하나 없이 치열이 고른데 나만 그렇게 난 것이 다른 형제들에게는 특이하게 보였던 것이다.

써레라 하면 지금은 아마 모르는 사람이 더 많은 것 같다. 경운기가 나오기 전, 소를 이용하여 논밭을 갈던 시절에 쓰였던 농기구 이름이다. 논에 벼를 심으려면 먼저 굳은 땅을 갈아야 한다. 이때 사람의 힘으로 그 넓은 땅을 파 엎기가 어려우니까 소를 길들여 이용했다. 이때 쓰이는 기구가 쟁기다. 쟁기로 갈고 나면 물을 대고 갈린 흙을 고르게 펴야 그 위에 모를 심는데 대개 쇠스랑으로 골랐다. 그러나 쇠스랑보다 소의 힘을 빌려 써레질을 하면 좀 거칠기는 해도 쇠스랑으로 하는 것보다 몇 배나 많이 하고 힘도 덜 들었다.

써레는 써레몽둥이라 해서 가로로 굵은 나무에 세로로 끝을 뾰족뾰족하게 깎아 다듬은 나무로 발을 만들어 띄엄띄엄 박아서 만든 것이다. 발의 수는 한 열 개쯤 된다. 이것을 소로 하여금 끌게 하여 논을 골랐다.

이 써레발 사이가 벌어진 것하고 내 이 사이가 벌어진 것을 비교해서 우리 형제들은 내게 써레라는 별명을 붙여주었다. 어린 나이에 그런 별명이 붙는다는 것이 좋을 리는 없었다. 그러나 그 정도는 아무것도 아니었다. 내 앞니 사이가 벌어진 것을 두고 엉뚱한 소리를 하는 사람도 있었다. 앞니 사이가 벌어지면 그 사이로 복이 나간다는 게 아닌가. 근거도 없는 허황한 소리지만 기분 좋은 소리는 아니다. 그러나 어쩌겠는가. 내가 보기에 별로 흉하지도 않고 자세히 보지 않으면 발견하기조차 쉽지 않을 정도인데 별 엉뚱한 소리를 하는 것이었다.

　왜 사람들은 앞니 사이가 벌어져 있으면 그곳을 통해서 복이 나간다고 생각을 할까? 사물의 이치를 어느 정도 깨달을 나이가 돼서 나는 그들이 얼마나 부정적인 사고에 사로잡혀 사는가를 생각하게 되었다. 막혀 있지 않고 사이가 벌어져 있으니 그곳을 통해서 복이 나갈 것이라고 편리하게 생각할 수 있겠지만 어차피 이 사이가 벌어져 그곳으로 복이 나갈 수 있다면 그곳을 통하여 들어올 수는 없겠는가.

　나는 복을 많이 받은 사람이다. 우스갯소리지만 아마 이 사이가 벌어진 것에 대하여 긍정적으로 생각했기 때문일 것이다. 사람들은 복을 보관하기 위해서 막는 일을 많이 하는 것 같다. 대원군 시절에 쇄국정책을 쓴 것도 바로 그런 행동이 아니겠는가. 그러나 먼저 문을 열고 남의 문물을 받아들인 나라들이 먼저 개화를 했다. 그리고 우리는 그런 나라들에 의해서 침략을 당했다.

　우리 것을 보존하기 위해서 어떤 부분에서 때로 문을 걸어 잠그는 일도 필요하겠지만 더 많이 새로운 문화문명을 받아들이기 위해서 열어야 하지 않겠는가. 이웃과 벽을 쌓고 길을 막는 일만이 능사가 될 수 없다. 어차피 이 세상은 고립되어 혼자만 살 수 있는 사회는 아니다. 문을 열고 길을 만들어서 서로의 이해의 폭을 넓히고 소통하는 것이 상생을 위하여 필요한 자세일 것이다. 내가 복을 받은 것은 어쩌면 앞니 사이가 벌어져서이고 어렸을 적에 형제들로부터 써레라는 별명을 얻어서였는지도 모를 일이다.

죽은 친구로부터 받은 축의금

김 목사님에게 어느 날 손님 몇이 불쑥 찾아들었다. 벨이 울려서 문을 열었더니 예전에 신앙생활을 같이 했던 반가운 얼굴들이었다. 그동안 어떻게 지냈는가, 전혀 소식도 나누지 못했었는데 난데없는 방문에 반갑다는 생각보다 놀라운 생각이 먼저 들었다. 그런데 김 목사님보다 더 놀라는 것은 오히려 찾아온 저들이었다. 한동안 열린 입을 다물지 못하면서 자기들끼리 어색한 행동을 했다. 놀라워하는 모습이 아무래도 반가워서 표현하는 표정은 아니었다.

그들이 왜 그렇게 놀라는가, 하는 것은 그들이 자리에 앉으면서 곧 밝혀졌다. 그들은 들고 온 봉투를 하나씩 목사님 앞에 내놓았다. 그런데 이를 어쩌나! 하나같이 겉봉에 부의賻儀라고 쓰여 있는 게 아닌가. 누가 죽어서 부의금을 가지고 왔단 말인가.

실상은 이랬다. 김 목사님은 5년 전에 국민건강보험공단에서 건강검진을 받아야 한다고 재촉하기에 마지못해 검사를 받았다. 그동안 아픈 데도 없고 또 건강에는 자신이 있는 터라 허실삼아 건강 체크나 할 요량으로 검사를 받았다. 그런데 그게 아니었다. 큰 병원에 가서 재진을 받아보라는 결과가 통보되었다. 김 목사님은 그 께름칙한 결과물을 들고 종합병원에 가서 다시 사진을 찍었다. 아뿔싸, 폐암 3기라는 진단이 나왔다. 어제까지 멀쩡하던 사람이 이제부터 환자복을 입고 투병생활을 해야 했다. 불행 중 다행이라고 해야 할까, 다른 장기에는 전이된 것이 없어서 왼쪽 폐 절반을 잘라내고 항암치료를 했다. 그 고통의 시간과 상황을 어떻게 다 말할 수 있으랴. 그냥 포기하고 싶은 때가 한두 번이 아니었다. 그래도 가족들의 헌신적인 간호와 격려에 힘입어서 목사님은 회복이 되었고 죽음 직전에서 살아난 것이다.

그런데 그동안 교류가 없어 이 사정을 전혀 알지 못했던, 오늘 찾아온 손님들이 어떻게 목사님의 소식을 접하게 된 것이다. 그것도 김 목사님이 중병을 앓다가 돌아가셨다는 와전된 소식이었다. 그러니 그동안 장례는 마쳤을 것이고 혼자 남은 사모님이나 찾아뵙고 위로라도 드리는 것이 마땅한 도리가 아니겠느냐 해서 찾아왔다는 것이었다. 그런데 글쎄 소문에 이미 세상을 떠나 장례까지 마친 것으로 알았는데 그분이 문까지 열어주며 맞아줄 때 얼마나 놀랐겠는가.

찾아주셔서 고맙다는 인사를 하고 그간의 투병생활 내용을 전하고 들으면서 놀랐던 마음들이 진정되었는데 문제는 부의금이었다. 김 목사님으로서는 어떻게 멀쩡하게 살아서 부의금을 받을 수 있느냐는 것이고 손님들은 기왕에 가지고 온 것인데 봉투 내용은 예의가 아니지만 그냥 건강 축의금으로 받아주시면 좋겠다는 것이었다. 할 수 없이 김 목사님은 살아서 자기 부의금을 받은 결과가 되었다.

이 이야기를 하면서 오래 살다 보니 세상에 별일을 다 본다며 김 목사님은 껄껄 웃었다. 나도 웃었다. 살아서 자기의 부의금을 받는 경우도 있다니. 그런데 내용은 전혀 다르지만 최근에 내게도 신기한 축의금을 받은 일이 있어서 소개하고자 한다.

나는 외아들을 두었다. 이 녀석이 어찌나 결혼을 기피하는지 40이 다 되도록 장가를 가지 않아서 우리 부부의 애를 많이 태웠다. 그런데 이 녀석이 드디어 짝을 찾아서 결혼을 하게 되었다. 이 결혼식에 많은 사람이 찾아와 축하도 해 주셨고 축의금도 주셨다. 그런데 그 축의금을 주신 분 중에 이미 죽어서 이 세상 사람이 아닌 분의 이름이 올라와 있지 않은가. 내 처의 친구 이름이었다.

그 친구는 인간적인 감정을 앞세우면 매우 불행한 삶을 살다 간 사람이다. 결혼한 지 얼마 되지 않아서 이혼을 했고, 그 후로는 살붙이 하나 없이 쭉 혼자 살았다. 거기다가 말년엔 병까지 들어서 고생을 해야 했다. 처음엔 위胃암이라고 하더니 나중에는 여기저기 전이가 되어 손을 쓸 수가 없게 되었다. 대장, 폐, 간, 자궁에까지 번졌다고 했다. 견딜 수 없는 통증이 오면 병원에 실려갔다가 조금 우선하면 집에 돌아오기를 여러 차례 하면서 겨우 생명을 유지해 나갔다. 그러나 암이라는 병이 몸은 아파도 정신은 멀쩡한 경우가 많지 않은가. 세상을 떠날 때까지 맑은 정신으로 문병을 간 우리에게 도란도란 지난 얘기도 잘했다. 그리고 떠났다. 이 외로운 나그네의 장례를 내가 집례했다.

그런데 그 이름으로 내 아들의 결혼을 축하한다는 축의금이 도착해 있었다. 알고 보니 세상을 떠나기 전에 다른 친구에게 내 아들의 결혼식에 참석하지 못하는 것이 안타깝다며 유언과 함께 축의금을 남겼는데 그걸 그의 친구가 전달한 것이었다. 그런 유언을 남긴 사람이나 그 약속을 지킨 그분의 친구나 한동안 우리 부부의 마음에 잔잔한 파도를 일으켜 주었다.

살아서 자신의 부의금을 받은 김 목사님이나 죽은 사람이 보낸 축의금을 받은 나는 생사를 초월하여 이 세상과 저 세상을 넘나들며 살고 있는 것일까. 이래서 우리가 사는 곳은 신기하기도 하고 재미도 있는 세상임에 틀림없다.

사랑의 치과

내가 치아에 고장이 나면 불문곡직하고 찾아가는 사랑의 치과는 압구정에 있다. 압구정 지하철역에서 내리면 약 200m 거리, 대로변에 있기 때문에 비교적 찾기가 쉽다. 내가 지하철을 두 번이나 갈아타면서 찾아가는 사랑의 치과는 내가 사는 곳에서 결코 가까운 거리도 아니고 여느 병원하고 다른 어떤 특별한 시설이나 명성이 난 병원도 아니다. 5층 건물의 3층 한 편을 세 얻어서 치아를 치료해 주는 평범한 진료소다. 그래도 내가 주변의 수많은 치과 병원을 두고 거리가 만만치 않은 이곳을 찾는 이유가 있다.

내가 작은 건물 2층에 세를 얻어 교회를 개척할 때였다. 내가 인도하는 새벽기도회에 매일 빠짐없이 참석하는 분이 계셨다. 개척교회에 꾸준히 나와서 함께 예배드리는 분이 있다는 것은 얼마나 고무적인가. 그런데 내 설교를 들으며 그 내용을 테이프에 복사해 줄 수 없느냐고까지 했다. 애송이 목사에게 과분한 말씀이지만 은혜스럽다는 것이었다. 참 격려가 되고 고마웠다. 그런데 한 계절은 실히 지났을 무렵에 더 이상 나올 수 없다는 인사를 하고 떠났다. 아, 그 섭섭함이란!

떠나시면서 당신 자신은 이름을 대면 누구나 금방 알 수 있는 유수한 교회의 장로이며 거리가 멀어 새벽에는 등록된 교회에 나갈 수 없어서 우리 교회에 나왔었노라고 했다. 그동안 고마웠노라는 말도 빼놓지 않았다. 그런 교회의 장로님이 내 설교를 듣고 그동안 은혜를 받았다 했으니 그 성품이 얼마나 겸손한가. 그러면서 당신은 치과 의사임을 밝혔고, 병원을 압구정으로 옮기게 됐노라고 하면서 주소와 위치를 가르쳐 주었다. 그리고 이 말씀을 남겨주었다.

"거리가 멀지만 찾아오시면 목사님의 치아는 제가 책임져 드리겠습니다."

얼마나 고마운 말씀인가. 나는 겸손하고 신뢰가 가는 장로님의 말씀에 붙잡혀 지금까지 치아에 문제가 생기면 사랑의 치과만 다녔다. 그동안 내가 시무하는 교회에도 치과 병원을 연 성도가 생겼지만 사랑의 치과만 고집했다. 내가 정년 퇴임을 하고도 지금까지 다녔으니 그 기간이 40년도 더 되었을 것 같다.

그동안 우리 내외는 장로님의 책임져 주시는 도움으로 혜택을 많이 입었다. 때를 따라 스케일링은 무료로 해 주셨고 임플란트도 여러 대를 했지만 내가 알기로는 저렴하게 해 주신 것 같다. 하나님께서 처음 주신 치아가 제일 좋다 하시면서 가급적이면 발치를 하지 않으셨다. 치아를 소중히 여기며 치아 관리를 위하여 치간칫솔을 사용할 것을 권장하셨다. 때로는 내 치아를 걱정하여 한번 다녀가라고 미리 연락을 주시기도 했다.

그러나 무엇보다 내게 친절을 베푸시며 편안하게 대해 주신 것에 대하여 감사하지 않을 수 없다. 사람들은 치과 치료를 받으려면 두렵다고 하는데 나는 진료를 받는 동안 언제나 편안했다. 진료 의자에 앉으면 졸음이 올 정도였다. 신뢰와 친절이 가져다준 혜택이 아니었겠는가. 내가 가끔 새로 출간한 내 졸저인 시집이나 수필집을 드리면 반가워하며 격려해 주시고 병원 안에 비치해 주신 배려도 잊을 수 없는 감사의 조건이다.

이제 헤어질 날이 가까워짐을 인지하면서 아쉬운 마음이 든다. 언제까지 더 다닐 수 있을까. 무릎이 아파 걷기도 조금 불편할 때가 있다. 이렇게 세월이 빠른가. 그동안 오복五福의 하나라고 하는 치아를 걱정 없이 간수할 수 있었으니, 그것도 신뢰할 수 있는 분을 만나 편안히 맡길 수 있었으니 이런 복이 어디 있겠는가. 귀한 장로님을 만나 한 세월을 같이한 것이 감사하다.

책 정리

내가 정년을 맞았다. 정년은 능력이나 건강과는 상관이 없다. 아무리 건강하고 일을 수행할 능력이 있어도 자기 개인 사업이 아닌 이상 내려놓고 나와야 한다. 그러면 후계자가 배턴을 이어받으면 된다. 그 후계자도 장차 정년을 맞아 내려올 때가 있을 것이다.

나는 30여 년 전에 기대와 두려움이 혼재된 마음으로 목회전선에 투입됐다. 그리고 정년을 맞게 되었으니 내 인생의 황금기라 할 수 있는 기간을 목회에 전념하며 보내야 했다. 거기에 대하여 후회할 일은 전혀 없다. 나는 내가 하는 일에 사명감과 자긍심이 있었기 때문에 대체로 만족할 수 있었다. 큰 허물 남기지 않은 것이 다행이고 한없이 기쁘다. 나를 인도해 주신 절대자와 함께 신앙의 길을 걸어주신 성도에게 감사를 드릴 수밖에 없다. 언젠가 그날이 올 것을 알고 일했으니 정년에 대한 충격은 없다. 산에 올랐다 내려오는 가벼운 마음이지만 그래도 세월이 빠르게 지났다는 것과 조금 더 열심을 내지 못한 부분에 대한 아쉬움은 있다.

자, 이제 정리를 해야 한다. 마음의 정리는 이미 돼 있다. 업무에 대한 것은 후계자에게 물려주면 된다. 성도와 헤어지는 것도 아쉬움이긴 하지만 그래도 살아 있으면 교제할 수 있지 않느냐 하면서 스스로 위로한다. 그런데 내 마음을 아프게 하는 것이 하나 있다. 책들이다. 손때 묻은 이 책들을 어떻게 하랴. 목회자라면 거의 책을 좋아하지만 나도 예외는 아니다. 대부분 구입했지만 기증받기도 하여 사무실 3면이 꽉 차게 모아졌다. 집에 가면 서재라 할 수 있는 방에 또 가득하다. 거기에는 당장 필요해서 구입한 것도 있지만 앞으로 읽어야 한다는 생각으로 구입한 것도 많다. 그러나 아직도 읽지 못하고 언젠가는 읽어야지 하는 생각만 주고 있는 책도 있다. 솔직한 고백인데 누군가로부터 기증받은 책은 더욱 읽기가 어려웠다. 내 관심 분야가 아니면 그랬다. 그래도 주신 성의를 무시할 수 없어 버리지 못하고 간직하고 있었던 것이다.

내가 이렇게 책에 대한 욕심이 많은 것은 어렸을 적에 읽고 싶은 욕구를 채우지 못한 영향이 아닐까 싶다. 내 어린 시절은 읽고 싶어도 읽을 책이 없어서 허기가 진 세월이었다. 그 허기는 어쩌면 배고픔보다 더 간절한 것이었다. 책방에서 구하려 해도 돈이 없었고 친구한테 빌려 보는 것도 어쩌다일 뿐 성이 찰 수가 없었다. 그때는 정말 누구한테 독서 지도를 받는다는 것은 상상도 할 수 없는 일이었고 양서를 가려 읽을 계제도 못되었다. 닥치는 대로 읽어야 했다. 그중에 성경도 있다. 불신의 가정에서 태어나 성경을 금기서처럼 여기는 풍토에서 하도 읽을 게 없어서 읽었다. 중학 초기에 통독을 했다. 물론 너무 어려워 제 의미를 모르고 읽었다. 아마 어렴풋이라도 이해를 했다면 신약의 도덕적인 내용이었을 것이다. 후에 생각하니 읽을 게 없어 읽은 책 중에 성경이 있었다는 게 얼마나 다행이었는가.

아무튼 욕심으로 모아놓은 책이 많아졌으니 이걸 어떻게 하나. 어느 기관이나 개인에게 기증을 하려 해도 받아주는 곳이 없다. 아쉽고 안타깝지만 이 책들을 둘 공간이 내겐 없다. 또 두어 보았자 무슨 소용이 있겠는가. 돈 들이지 않고 버릴 곳은 재활용품 모으는 곳밖에 없다. 그래서 목회를 마치고도 소용이 있겠다 싶은 것과 혜존惠存이라고 써서 주신 분들의 책들을 골라놓고 다 버리기로 했다.

떠나려면 주변 정리를 잘해야 한다. 미련을 버리는 것이 정리다. 가볍게 떠나야 한다. 그럼에도 책들을 차마 내 손으로 버리기가 어려워 교회를 관리하는 집사님을 불러 부탁을 했다. 내가 없을 때, 내가 보지 않을 때 처리해 주세요.

심술

겨울은 그냥 가지 않는다. 겨울에게는 심술이 있다. 입춘이 지나고 우수, 경칩이 되면 봄기운이 돈다. 이때가 되면 대동강 물도 풀린다는 속설도 있지만 아무튼 이즈음이 되면 날씨가 이제 봄이 왔지 하는 생각을 갖게 하는데 어느 날 느닷없이 찬바람이 불고 눈이 내리기도 한다. 좋게 말해서 꽃샘추위라 부르기도 하지만 그냥 조용히 떠나고 싶지 않는 겨울의 심술이다.

그 심술이 사람에게도 있다. 직장을 그만두면서 그동안 자기도 겪고 참여까지 했던 비리를 폭로하는 건 어떤가. 양심선언이라는 그럴듯한 이름을 붙이면 박수치는 사람들이 있다. 나는 그가 폭로하는 비리에 눈살을 찌푸리지만 박수까지는 치고 싶지 않으니 웬일일까. 그런 행위를 비리에 대한 양심선언이라 한다면 왜 그 비리를 처음 발견하거나 겪을 당시에 폭로할 일이지, 그 옳지 않은 비리를 통하여 얻을 것 다 얻고 나서 하필이면 그만둘 때 폭로하는가. 이런 행위를 의협심이니 양심선언이라고 이름하기는 내 양심은 쉬 용납이 되지 않는다. 오히려 용기보다는 비겁한 행동이라는 쪽으로 기울어진다. 나약한 인간의 비열함을 스스로 폭로하는 듯한 느낌을 받게 된다.

그러나 공익제보는 다르다. 윗사람의 강압이나 위력에 눌려 입을 열 수 없었지만 후에 공익이나 사회정의 차원에서 비리를 폭로한다면 인정받을 수 있다. 여기에는 반드시 불순한 동기가 개입되지 않은 통렬한 반성과 청결한 양심과 정직이 수반되어야 한다. 남을 헐뜯어 유익을 취하고자 하는 의도나 목적이 있는 고자질이라면 더욱 악한 행위다. 회사나 나라나 그 어느 공동체에나 비리나 부정이 있어서는 안 된다. 그것을 묵인하는 것도 죄악이다. 그러므로 그런 것을 발견하거든 바로 그 자리에서 폭로하거나 그곳을 그만두어야 한다. 그것이 공익제보다. 그렇게만 된다면 그는 정직한 사람이고 용기 있는 사람이다. 그러나 못 먹는 감 찔러나 보자는 식의 심보가 있다면 결코 칭찬받을 행위는 아니다. 심술이다. 차라리 심술부리지 않고 그냥 떠나는 것만 못하다.

우리 속담에 도둑질도 손발이 맞아야 한다는 말이 있다. 손발이 잘 맞아야 일이 잘 된다는 뜻이긴 하지만 달리 생각할 수도 있으리라. 도둑질에 조금이라도 동조함으로써 그 도둑질을 원활하게 했다면 어떻게 생각해야 하는가. 손을 맞춰준 사람도 옳지 않다. 동조하고 협력했기에 당연히 그 비리에서 벗어날 수 없다. 그리고 나서 후에 나는 도둑질에 동조했지만 나쁜 일이기 때문에 폭로한다고 하는 것은, 같이 도둑질한 사람을 나쁜 사람으로 만들면서 자기만 빠져나와 의로운 체하는 비굴한 행동이다. 적에게 쫓기어 50보를 도망친 사람이 100보를 도망친 사람을 비겁하다고 비난해도 되는가. 자기도 능력(?)이 있다면 더 도망칠 수 있는 사람이 자기의 무능(?)을 탓하지 않고 남을 폄하하려는 이런 태도를 나는 싫어한다. 자신도 그런 환경에 처하면 다른 사람보다 더 많은 부정을 할 수 있는 성향을 가지고 있으면서 그런 자리에 오르지 못하고 남의 비리만 찾아내려 애쓰고 탓만 한다면 그걸 용기라 할 수는 없다. 죄를 관대히 여기자는 것은 아니다. 어떤 일에 맞닥뜨리든지 겸허히 자신을 돌아보며 행하고 심술을 부리지 않는 사람이 되고 싶다. 남이 하면 불륜이고 내가 하면 로맨스라고 생각하는 이기적 태도, 자기 합리화 같은 정신은 갖고 싶지 않다. 목구멍이 포도청이라 생각하면서 불의를 보고도 거절하지 못하고 심지어 그 불의를 돕는 위치에 서야 하는 우리의 나약한 모습이 딱하다. 그냥 가자. 심술부리지 말고 그냥 떨어지는 것이 어떤 면에서는 멋이다.

　가을철이 되면 낙엽수들은 모두 잎을 떨어트린다. 우리나라의 대표적 낙엽수로 단풍나무와 은행나무가 있다. 단풍나무는 붉은색으로 물들었을 때 누구에게나 감동을 줄 만큼 아름답고, 은행나무의 금빛은 가슴을 떨리게 할 만큼 찬란하다. 그러나 이들 잎새들은 절정기가 되면 찬바람을 견디지 못한다. 은행나무의 낙엽은 현란하다. 마치 무희의 춤사위를 연상시키면서 우수수 떨어진다. 며칠 되지 않아서 모든 잎새를 떨어트리고 앙상한 가지들만 남는다. 깔끔하다. 그러나 단풍나무는 다르다. 찬바람이 불어도 기어코 붙어 있는 잎새가 있다. 핏빛 붉은색이 퇴색하면서 물기 잃은 잎새는 움츠러든다. 나중엔 말라비틀어진다. 저 잎새가 예전에 그렇게 곱던 잎새인가, 의심이 들 정도로 추하다. 떨어지기 싫어서 한겨울의 추위를 견디는지, 그 추위를 이기는지는 모르지만 생명을 잃고도 나뭇가지에 그대로 붙어 있다. 그것이 다음 봄이 되어서 가지마다 새 잎이 나올 때까지도 떨어지지 않고 대롱거린다. 견디어냈다는 자랑인가? 내 눈에는 아무래도 그것은 추한 모습이다. 그냥 떨어졌으면 오죽 좋으랴. 세상에서는 그게 오히려 미덕이 되기도 한다.

이임사

　어떤 직위에 취임을 했으면 반드시 이임할 때가 온다. 이 이임이 명예로워야 성공한 것이다. 더러 취임이 명예로웠는데 이임이 부끄러운 경우를 본다. 실패했다고 봐야 한다.

　산에 오르면 내려올 때가 있고, 한 해도 시작이 있으면 마치는 날이 있는데 어찌 출생이 있었는데 죽음이 없을까. 성경은 태초에 하나님의 창조가 있었음을 선포하면서 언젠가 종말과 심판이 있을 것을 예고하고 있다. 일반적으로 돌아가는 이치를 봐도 옳다.

　나는 가끔씩 나의 임종을 생각한다. 직업상 장례식 주례를 자주 맡아서일까. 나는 같이 신앙생활을 하다가 먼저 세상을 떠나는 분에게 경건한 장례를 치러 드리는 것이 도리이며 예의라 생각하여 최선을 다한다. 나는 그때마다 인생이 뭔가 하고 새롭게 생각하곤 한다. 숨이 끊어진 시신을 보면 인생이 허무하고, 아무것도 아닌 것 같기도 하다. 그러나 곧 내 생각이 바뀐다. 하나님께로부터 와서 하나님께로 돌아간다는 생각을 하면 꼭 그렇지만은 않은 것이다. 생을 마치는 동시에 돌아갈 곳이 마련되어 있고 또한 그곳이 영원한 천국이라 생각하면 인생은 의미가 있는 것이란 확신이 선다. 어찌 전능하신 하나님께서 무의미하게 인간을 만드셨겠는가. 허무하다는 생각은 불신자들의 몫으로 돌리자.

　나는 아직 육신적으로 팔팔하지만 언제 종말을 맞을지 모른다. 어디 나뿐이겠는가. 모든 사람은 자기의 장래를 모른다. 그러므로 장래를 모르는 죽음은 모든 사람의 몫이다. 나는 그때를 생각하여 취임한 사람이 이임을 할 때 이임사를 낭독하듯 나의 임종사를 써둘까 하는 생각도 한다. 그러나 이후에 내 생이 어떻게 변할지 몰라서 함부로 손을 대지 못하고 있다.

　사람은 취임할 때도 중요하지만 내려올 때 잘해야 멋이 있다. 만남도 중요하지만 헤어질 때 잘해야 한다. 지저분한 사건 만들어 놓고 내려오는 것은 추하다. 우선 적당한 때에 내려오는 게 좋다. 흔한 말로 박수칠 때 내려오는 게 아름답다. 남들이 아쉬워할 때가 적기다. 그러나 세상 떠나는 것은 마음대로 할 수 없지 않은가. 그렇다 하더라도 죽은 뒤에 손가락질이나 욕먹는 일은 없어야 한다. 정확히 말해서 생전에 욕먹는 행동은 하지 않으려고 노력해야 한다. 그리고 나의 죽음에 대해서 아쉬워하는 사람이 많다면 고마운 일이다.

　서양 속담에 "새는 죽을 때 가장 슬픈 소리를 내지만 사람은 죽을 때 가장 정직한 말을 한다."는 말이 있다. 죽으면서까지 거짓말을 하고 위선을 떨겠는가. 내가 바라는 것이 있다. 임종사라 할까, 유언이라 할까. 마지막 인사라 하는 게 좋겠다. 그것을 멋지게 남기고 싶다.

나는 그 말을 남길 때 정신이 멀쩡하고 육신도 또렷하게 말할 수 있을 정도로 아프지 않았으면 좋겠다. 그렇다면 나는 내 생애를 인도해 주신 하나님께 먼저 감사할 것이다. 그리고 나와 함께한 사람, 그리고 내 주변에서 내 마지막을 지켜보는 사람들에게 여러분이 있어서 나는 행복했노라고 말하고 싶다. 바울 사도처럼 "전제와 같이 내가 벌써 부어지고 나의 떠날 시각이 가까웠도다. 나는 선한 싸움을 싸우고 나의 달려갈 길을 마치고 믿음을 지켰으니 이제 후로는 나를 위하여 의의 면류관이 예비 되었으므로 주 곧 의로우신 재판장이 그날에 내게 주실 것이며 내게만 아니라 주의 나타나심을 사모하는 모든 자에게도니라"(딤후 4:6-8)는 말을 남길 수 있다면 얼마나 좋을까.

그리고 가족들에게는 다윗이 아들 솔로몬에게 남긴 말을 할 수 있기를 원한다. "내가 이제 세상 모든 사람이 가는 길로 가게 되었노니 너는 힘써 대장부가 되고 네 하나님 여호와의 명령을 지켜 그 길로 행하며 그 법률과 계명과 율례와 증거를 모세의 율법에 기록된 대로 지키라. 그리하면 네가 무엇을 하든지, 어디로 가든지 형통하리라"(왕상 2:2-3)

나는 십자가에 못 박힌, 그 고통의 상태에서도 원수를 용서하고, 당신의 생애를 마치면서 "다 이루었다."고 선포하고, 또한 자기 영혼을 절대자에게 맡긴 그분, 예수 그리스도의 임종이 부럽다. 얼마나 홀가분했을까. 용서한다는 것, 주어진 사명을 다 완수했다는 것, 그리고 절대자에게 자기 영혼을 맡길 수 있었다는 것. 아, 부럽다. 나도 공개적으로 그렇게 선언할 수 있다면 무슨 아쉬움이 남을까.

고무래

내가 어렸을 적에 우리 집에는 고무래가 둘 있었다. 우리 동네에서는 그것을 당그래라고 불렀다. 하나는 부엌에 놓아두고 아궁이에서 재를 긁어내는 데 사용했다. 거의 어머니께서 전용으로 쓰셨다. 짚을 땔감으로 쓰던 당시 아궁이에 불을 피우려면 지난번에 타고 남은 재를 먼저 긁어내야 했다. 바로 그 재를 긁어내는 도구가 고무래였다. 사각형 널 조각 위쪽에 자루를 박았는데 그 모양이 T자였다. 예전에 무식한 사람을 말할 때 "낫 놓고 ㄱ(기역) 자도 모른다."는 속담이 있었는데 많이 쓰지는 않았지만 "고무래 놓고 丁(정) 자도 모른다."는 말도 있었다.

이 고무래는 늘 부엌에서 재를 긁어내는 일로만 쓰였기 때문에 자루는 짧게 만들어졌고 온통 검었다. 어머니는 밥을 짓기 위하여 아침저녁으로 이걸 사용하셨다. 아궁이에서 재를 긁어내어 재삼태기에 담아 잿간에 버리고 나서 불을 지폈다. 얼마나 귀찮으셨을까. 특별히 윗목에 놓아 둔 자리끼가 꽁꽁 언 새벽에도 일어나 가족을 먹이려고 그 일을 하시던 어머니를 생각하면 지금도 내 가슴은 아리다.

또 하나는 마당에서 사용하는 것이었다. 다른 지방에서는 밭의 흙을 고르는 데도 이것을 사용한 모양인데 우리 동네에서는 그런 일이 없었다. 곰방메(우리 마을에서는 곰배라고 했음)라고 해서 나무토막에 긴 자루를 끼워 흙덩이를 깨트리거나 보리씨가 잘 묻히도록 깨트린 흙을 덮는 일로 썼다. 그나마도 나중에는 쇠스랑으로 그 일을 대치했다.

아무튼 우리 집에서는 이 고무래를 멍석을 깔고 곡식을 햇볕에 말릴 때 고루 펴거나 모으는 도구로 사용했다. 이 고무래는 널조각이 사다리꼴이었고 부엌에서 쓰는 것보다 컸다. 물론 자루도 길었다. 우리는 그것을 마루 밑에 두었다가 필요할 때마다 꺼내어 썼다.

건조기가 없던 시절에 눅눅한 곡식을 건조시키는 제일의 수단은 햇볕에 말리는 것이었다. 장마철같이 볕이 나지 않는데다가 곡식이 상하기 쉬울 때는 더러 방바닥에 깔아 놓고 말리기도 했지만 아무래도 많은 양을 말릴 수 없을 뿐 아니라 시원찮았다. 그래서 나락이나 보리는 물론 고추나 콩이나 깨 같은 것도 모두 그렇게 마당에 멍석 깔아 놓고 그 위에서 말렸다. 고무래는 그때 필요했다. 멍석에 부려 놓은 곡식을 예의 그 고무래로 밀기도 하고 당기기도 하면서 고루 펴는 것이다. 조금 두텁게 깔린 곳에서 얇게 깔린 곳으로 끌어와 비슷하도록 하는 것이다. 그러나 하루 종일 그대로 두면 안 된다. 위에서 햇볕을 직접 받는 곡식과 아래에 깔려 있는 곡식과는 건조되는 정도의 차이가 있지 않겠는가. 그러므로 적당한 시간을 두고 곡식을 한 군데에 모았다가 다시 펴주는 일을 수시로 해야 한다. 그때마다 어김없이 고무래는 사용되었고 모든 곡식이 햇볕을 고루 받도록, 그래서 혜택이 똑같이 돌아가도록 하는 일을 감당했다.

이제는 농촌에서도 고무래가 농기구로서 필요할까 싶다. 언제든지 필요하면 건조기를 사용하는 시대다. 그러나 고무래는 없어져도 고무래의 정신은 그 어느 때보다 지금 더 필요한 것 같다. 우리 사회는 그런 정책도 필요하다. 어떤 혜택이 한 곳에 편중되지 않고 고루고루 펴져야 한다. 공평하거나 공정하지 못하면 이질감이 형성되고 사회통합에 지장을 초래하게 되어 있다. 마치 고무래가 곡식을 고르게 펴 햇볕을 고루 받도록 하는 것처럼 우리 사회도 모든 혜택, 이를테면 자유, 사랑, 평화, 인권 같은 보편적 가치가 차별도 없고 치우침도 없이 나누어졌으면 싶다. 햇볕은 고르게 내려 쪼이지만 차단하는 물건들 때문에 이 지상에는 양달도 있고 응달도 있다.

계단

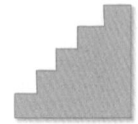

나는 아파트 4층에서 산다. 그리 높지 않은 층이라 손에 물건을 들었다든지, 유독 몸이 피곤하다고 느껴질 때와 같이 특별한 경우가 아니면 승강기를 이용하지 않고 계단으로 오르내린다. 나도 건강을 위해서 운동하는 것을 반대하지 않는다. 그러나 직업적인 운동가가 아닐 바에야 마치 건강이나 운동을 위해서 사는 듯한 삶의 자세나 태도는 바람직하게 여기지 않는다. 어디까지나 건전한 삶을 위해서 건강은 필요하다고 고지식하게 우기는 축에 속한다. 따라서 가급적이면 생활 속에서 몸을 많이 움직이는 것이 좋다고 생각한다. 그리고 그 생각을 실천하기 위해서 웬만한 거리는 걸어다니고 계단을 이용하여 오르내린다.

계단이 있다는 것은 얼마나 편리한 일인가. 내가 가끔씩 오르내리는 산등성이에도 계단이 있다. 언제, 누가 만들었는지 모르지만 그것을 이용하면서 만든 사람이 누구일까, 그 지혜와 남을 배려한 마음에 고마움을 느낀다. 그리고 한 걸음 한 걸음 발을 옮기면서 인생을 생각한다. 실로 우리 인생이란 게 계단을 오르내리는 것과 무엇이 다른가. 처음 태어나서는 걷지를 못한다. 기어다니다가 발목에 힘을 얻어 걸음마를 배우고 드디어 걷게 된다. 유치원에 들어가서 뛰놀다가 초등학교에 들어

가고 중학교, 고등학교를 거쳐 대학에 진학하고 졸업을 한다. 미리 정해진 계단을 밟고 오르는 것이다. 평사원으로 취직하여 점점 직위가 올라간다. 역시 계단을 밟는 것이다. 변칙적인 방법도 더러 있다. 속칭으로 그것을 낙하산 인사라고도 하는데 별로 좋아 보이질 않는다. 본래부터 변칙이란 게 아름다울 수는 없다.

오늘도 나는 산에 오르면서 계단을 이용한다. 관절에 무리가 가지 않게 지팡이를 사용하라는 지인知人의 권고를 듣고 몇 년전부터 지팡이를 짚고 오르는데도 예전 같지 않다. 숨이 차오르고 무릎도 뻐근함이 느껴진다. 조심스러울 수밖에 없다. 한 계단 한 계단 밟고 오른다. 무리하게 두 계단을 오를 수 있지만 그렇게 하면 쉬 지친다. 조금 더디더라도 차근차근 밟고 오르는 것이 낫다. 사회에서 빨리 오르려고 편법을 썼다가 그 부작용으로 망신을 당한 인사들을 우리는 수없이 보아 왔지 않은가.

무슨 일을 하겠다든지, 어디까지 오르겠다는 목적이 있다는 것은 좋은 일이다. 사람은 꿈을 꾸고 사는 동물이다. 꿈을 이루기 위해서 노력하며 산다. 세상에 유익을 끼치겠다는 꿈을 가졌다는 그 자체만으로도 얼마나 가슴 두근거릴 일인가. 그런 의미에서 꿈이나 희망이 없다는 것은 부끄러운 일이고 불행한 일이다. 꿈을 잃고 낙심하며 주저앉아 있는 모습을 보면 딱하고 처량하다. 심지어 좌절하여 자살을 감행한 사람을 보면 불쌍하다.

꿈이 있으면 정진해야 한다. 세상에 쉬운 일은 없다. 환경이나 여건이 가는 길을 어지럽히고 막을 때도 있다. 때론 시행착오를 겪고 실패의 쓰라림도 맛본다. 그러나 알고 보면 그것도 목표를 향하여 가는 하나의 계단일 뿐이다. 정진해야 한다. 양사언은 "오르고 또 오르면 못 오를 리 없건마는 사람이 제 아니 오르고 뫼만 높다 하더라."고 노래했다. 그렇다. 산이 높기 때문에 못 오르는 것이 아니라 노력을 안 하니까 못 오르는 것이다.

"어떻게 에베레스트산을 올라갔냐고요? 뭐 간단합니다. 한 발 한 발 걸어서 올라갔지요. 진정으로 바라는 사람은 이룰 때까지 합니다. 안 된다고 좌절하는 것이 아니라 방법을 달리합니다. 방법을 달리해도 안 될 때는 그 원인을 분석합니다. 분석해도 안 될 때는 연구합니다. 이쯤 되면 운명이 손을 들어주기 시작합니다." 이것은 1953년 인류 최초로 에베레스트산 등정에 성공한 에드먼드 힐러리 경卿의 말이다.

나는 예수를 존경한다. 그의 모든 삶이 다 외경스럽지만 십자가 형틀에 못 박혀 피투성이가 된 상황에서 "다 이루었다."고 외친 그 한마디가 내 가슴을 울린다. 주어진 사명, 이루고자 했던 목적을 다 이루었다는 그 승리의 외침이 그렇게 부럽다. 세상에 태어나서 사명과 목적을 다 이루고 가는 사람이 얼마나 있을까. 자기의 삶에 보람을 느끼고 떠나는 사람이 얼마나 될까. 그런 사람이 있다면 그는 누가 뭐래도 행복한 사람이다.

산을 내려온다. 오를 때보다 더 조심스럽다. 등산할 때보다 하산할 때 사고가 더 많이 일어난다고 한다. 왜 그럴까? 내려간다고 긴장을 풀었기 때문이다. 안도감이 자칫 마음의 해이를 가져와 실족하기도 하고,

계단을 무시하다가 넘어질 수도 있다. 어떤 사람은 정상에서 너무 오래 머뭇거리다가 쫓겨 내려오는 볼썽사나운 모습을 보여주기도 한다. 욕심을 버려야 한다. 아무리 좋은 곳일지라도 너무 오래 머물면 추해질 수 있다. 내려올 때가 되면 아쉽더라도 미련을 버려야 한다. 해가 꼴깍 지고 길을 잃어 조난을 당한다면 그런 딱한 일이 어디 있는가. 욕심을 버리면 아침에 잠깐 이웃집 다녀오듯 걸음이 가벼울 터인데.

 인생은 등산이다. 올라갔다가 내려오는 것이다. 짐은 가벼울수록 좋다. 그리고 내려와 사위가 어둑어둑했을 때 내가 들어갈 집이 마련되어 있으면 더없이 감사해야 한다. 거기에도 계단이 있으리니 지치지 않게, 서두르지 말고 잘 밟아가야 하리라.

뻔뻔해졌다

　나는 어려서부터 받는 일, 이른바 공짜로 받는 일에 익숙하지 못했다. 남이 무엇을 주면 내가 왜 이것을 받아야 하는가, 신중하게 생각해야 했고, 또는 이것을 받아도 되는가, 걱정하기도 했다.

　이런 내 마음은 틀림없이 내 부모님으로부터 받은 영향일 것이었다. 내 부모님은 이웃집에서 하다못해 지난밤에 조부님 제삿날이었노라고 하면서 떡 한 접시를 가지고 와도 공짜라면 이 은혜를 어떻게 갚아야 하는가 할 정도로 어려워하고 황송해하셨다.

　그런 부모님 곁에서 보고 자란 나는 누가 주는 간단한 선물도 냉큼 받지를 못하고 주저하며 조심스러워했다. 사실 이런 성품은 내가 생각해도 너무 지나친 것이고 사회생활, 특별히 원만한 대인관계를 위해서는 마이너스 요인으로 작용할 일이었다. 선물 하나 가벼운 마음으로 주고받지 못하면서 어떻게 정 도타운 관계를 가질 수 있겠는가. 불량한 의도가 숨어 있지 않다면 남의 호의를 그렇게 두려워하거나 부담으로 여길 것까지는 없지 않겠는가.

그런데 내겐 이 잘못된 성품 때문에 야기된 두고두고 후회스런 기억 하나가 있다. 내가 처음 교회를 담임했던 초년병 시절이었다. 권사님 한 분이 돌아가셨다. 장례를 마친 후 그 권사님 아들인 김 집사님이 찾아와 고맙다는 인사를 하는 것까지는 좋았는데 잠깐 같이 갈 데가 있노라고 했다. 따라나섰다. 차에서 내리라 해서 내렸더니 양복점 앞이었다. 영문도 모르고 따라온 나에게 감사의 표시로 양복 한 벌을 맞춰주겠다는 것이었다.

이 얼마나 감사한 일인가! 그런데 나는 거절하고 돌아왔다. 간곡한 부탁 앞에서 실랑이만 하다 결국 뿌리친 것이다. 당연한 장례식을 치렀는데 대가를 받는 것 같아서 내 마음이 용납을 못했던 것이다. 당시 김 집사님은 자기가 다니는 교회 담임목사에게 옷 한 벌도 못해 줄 정도로 궁핍한 형편도 아니었고 나는 또한 변변한 옷 한 벌도 없을 때였다.

그렇게 낭패한 표정으로 헤어진 후 김 집사님은 내가 깔끔하게 살려고 애쓰는 사람으로 보였을 것이다. 그러나 반면에 사람의 호의를 깡그리 무시하는 냉정한 인간, 아니 인간미라고는 없는 냉혈동물쯤으로 보지는 않았을까.

그 이후 우리는 썩 가까운 관계를 갖지 못하다가 그는 다른 형편으로 어느 날 교회를 떠나게 되었다. 물론 내가 당신의 호의를 거절했다는 이유 때문은 절대 아니었다. 그럼에도 나는 한 동안 당시의 내 태도에 대해서 많은 반성을 하며 지내야 했다. 사랑은 주는 것이지만 주기 전에 받을 줄도 알아야 한다는 것을 깨달은 것도 그때였다.

세상에서 가장 무섭고 안타까운 죄는 무엇인가? 사랑을 거절하는 죄다. 우리를 사랑하기 때문에 보내주신 독생자, 그 주님의 사랑을 거절한 죄다. 주는 사랑이 아름답다. 주면서 살아야 한다. 그러나 받을 사람이 없다면 줄 수도 없다. 거절하는 사랑을 어떻게 억지로 줄 수 있는가.

사랑은 주고받는 것이다. 불미한 뜻이 담기지 않았다면 사랑을 받는 훈련부터 받아야 할 것이다. 지나치지 않는 것이라면 주는 선물에 놀라지 말고 감사히 받을 수 있어야 할 것이다. 받은 사랑의 고귀함을 알고 더 풍성하게 나눌 수 있으면 그것이 왜 허물이겠는가.

세월이 흐르면서 이제 겨우 철이 들었는가. 나는 지금 많이 뻔뻔해졌다. 이 추운 계절에 어느 누가 따끈한 차 한 잔 같이 마시자고 부른다면 거절할 자신이 없다.

산에서 만나는 여인

　새벽기도회를 마치고 화계사 쪽으로 올라 영락기도원 쪽으로 내려오는 내 산행길에서 거의 매일 만나게 되는 여인, 그래서 이제는 만나지 않으면 왜 못 나왔을까 하고 궁금하기까지 한 그 여인은 지난 가을에 태풍으로 쓰러진 나무들을 연상케 해주었습니다.

　그 여인은 지나치며 얼핏 보아도 미인형이었습니다. 지팡이를 의지하며 몸을 구부리고 걸어서 그렇지 키도 큰 편이었습니다. 얼굴이 거무잡잡한 것은 태생적인지 아니면 햇빛에 그을려서인지 그것도 아니면 삶이 고생스러워서인지 모르지만 만약 그 얼굴에 미소만 지을 수 있다면 그것은 오히려 건강하다는 것을 느끼게 하는 역할을 할 것 같았습니다. 그러나 여인의 얼굴은 언제나 밝지를 못했습니다. 챙 없는 모자를 깊이 눌러쓰고 주위에는 아무 관심도 없다는 듯 땅만 보고 걸었습니다. 솔직히 나는 그러한 모습의 그 여인을 처음 보는 순간 "참 안됐다." 하는 생각을 가졌습니다. 그리고 비켜 돌아오는데 가소롭게도 내가 저 여인에게 용기를 줄 수는 없을까 하는 어떤 의무감 같은 것이 갑자기 마음속에서 솟아오르는 게 아니겠습니까. 왜 그랬는지는 지금도 나는 모릅니다. 오른쪽 수족이 마비되어 왼손으로 지팡이를 의지하고 한 걸음

한 걸음 조심스럽게 발을 옮겨놓으며 산 속에 있는 배드민턴장까지 왕복하는 여인. 그 거리는 성한 사람이 걸어도 꽤 먼 거리이고 숨을 헐떡일 수밖에 없는 가파른 길이었습니다.

혹시나 자존심이 강해서 내 인사를 값싼 동정심으로 오해하면 어떡하지 하는 염려로 내가 오랫동안 망설이다가 드디어 용기를 내서 "안녕하세요!" 하고 인사를 건넨 날에도 여인은 그렇게 묵묵히 힘든 걸음을 떼어놓고 있었습니다. 여인은 내 인사말을 듣고 처음에는 아무 말도 하지 않았습니다. 가던 길을 멈추고 느닷없이 웬 낯선 남자인가 하는 표정의 얼굴을 보였을 뿐 그냥 지나쳐 갔습니다. 답례를 받으려 한 것은 아니지만 그래도 조금은 머쓱하고 무안한 감이 들었습니다. 그러나 그 날 이후 나는 만날 때마다 "안녕하세요."라든지 "힘내세요."라는 인사를 꼬박꼬박 건넸고 이제는 그 여인 쪽에서 먼저 아는 체를 할 정도까지 되었습니다.

그러던 중 드디어 그 여인과 간단한 대화를 나눌 기회가 주어졌습니다. 며칠 전이었습니다. 산을 내려오는데 그날따라 그 여인은 일찍 올라와 배드민턴장 벤치에 앉아 쉬고 있는 것이었습니다.

우리의 대화는 주로 내가 묻고 여인이 대답하는 식으로 진행되었습니다. "많이 좋아졌지요, 운동하니까?" 하고 물으면 "좋아지긴요. 매 그 턱이에요."라고 했고, "여기가 반환점이세요?" 하고 물으니까 "예."라고 대답했고, 내가 호기심으로 "종교는 있으세요?" 하고 물으니까 아무 대답도 하지 않았습니다. 마침 곁에 있던 사람이 "이 양반 예전엔

절에 열심히 다녔어요." 하고 거들자 그제서야 "지금은 아무데도 안 나가요. 나 같은 사람 오는 것 환영하겠어요?" 하고 말하더니 "죽지 못해서 사는 것이지요, 뭐." 하고 덧붙였습니다. 모든 것을 포기하고 체념한 듯한 발언을 하면서도 아침마다 힘든 걸음으로 때로는 비칠거리며 이 비좁은 산길을 오르내리는 여인. 회복할 수 있다는 한 가닥 희망이 남아서일까, 아니면 반신불수의 몸이지만 살아있다는 것을 표현하는 몸부림일까.

나는 그날 비로소 그 여인이 뇌졸중으로 쓰러진 지가 6년째라는 사실과 쓰러지기 전에는 감기도 한 번 앓지 않을 정도로 건강했었다는 얘기를 들을 수 있었습니다. 이렇게 될 줄을 감히 상상이라도 했겠습니까. 그리고 보면 사람은 한치 앞도 모르면서 너무 당당하게 살아가는 것 같습니다.

나는 오늘도 산에 오르고 내리는 도중에 지난 가을 태풍으로 쓰러진 나무들을 보았습니다. 그 큰 나무들이 태풍에 여지없이 넘어져 뿌리를 드러낸 채로 벌렁 누워버린 것입니다. 처음 그 나무들이 쓰러졌을 때 나는 저렇게 하고 어떻게 겨울의 혹독한 추위를 견디어낼까 걱정을 하며 이제 살아남기는 어려울 것이라고 지레짐작까지 했었습니다. 그런데 웬걸, 뿌리의 일부가 땅에 닿아 있다는 조건 하나로 봄이 되니 여느 나무와 일반으로 잎을 내기 시작했고 지금은 꼿꼿이 서 있는 다른 나무들과 다름없이 당당하게 녹음이 우거진 산을 만드는 데 일조를 하고 있는 것입니다. 서 있지 않고 누워 있다는 것이 다를 뿐 확실하게 살아있다는 것과 사명을 다하고 있음을 과시하고 있는 것입니다.

나는 하산길에서 오늘도 여전히 지팡이에 몸을 의지하고 한 발 한 발 걸음을 옮기며 가파른 길을 오르는 그 여인을 만나 "아주머니, 대단하세요!" 하고 인사를 했습니다. 그리고 "대단하긴요, 뭘." 하면서 잠시 제자리에 멈춰서는 여인에게 "젊으셨을 땐 이쁘다는 소릴 들으셨지요? 참 고우세요." 하고 다소 실례가 됨직한 칭찬을 덧붙였습니다. 순간 여인의 얼굴에 미소가 그려지는 게 아니겠습니까. 난데없는 나의 발언에 갑자기 기습공격이라도 받은 것처럼 난감해하면서도 여인은 수줍은 웃음을 웃었습니다. 청아한 아침에 나는 처음으로 그 여인의 웃는 모습을 본 것입니다. "그래요. 우리는 죽지 못해서 사는 것이 아니라 반드시 살아야 할 이유가 있어서 살고, 어떤 형편에서든 웃으며 살 권리가 있어요." 나는 헤어져 돌아오면서 기회가 주어지면 꼭 그렇게 말해 주리라 생각했습니다.

밤과 낮의 조화

　빛과 어둠은 반대 개념이요, 상극이다. 공존하지 못한다. 그러므로 어둠에 의해서 존재하는 밤과 빛의 혜택을 입어서 펼쳐지는 낮도 함께하지 못한다. 그럼에도 이 둘은 예절이 밝다. 서로 다투지 않는다. 자기의 영역을 조금이라도 더 확보하려고 싸우지 않는다. 서로 다르면서도 배타적이 아니다. 상대를 인정하고 존중한다. 어둠과 함께 밤이 찾아오면 낮은 소리도 없이 그 자리를 양보하고 물러난다. 마찬가지로 빛과 함께 낮이 들어오면 어둠은 미련을 두지 않고 그 자리를 떠난다. 조금이라도 더 머물고 싶다는 생각인들 왜 없으랴만 순리를 따르고 욕심을 버린다.

　낮과 밤의 길이가 똑같은 날은 춘분과 추분, 일년에 단 이틀밖에 없다. 그럼에도 서로 같지 않다고 그들은 불평하지 않는다. 단 이틀이지만 길이가 같은 날도 있다는 사실에 오히려 신기해한다. 저들은 길이가 같아야 공정하거나 공평한 것이라고 생각지 않는다. 오히려 서로 다른 것이 공평한 것이라 여긴다. 밤이 낮이 될 수 없고 낮이 밤이 될 수 없다. 거의 낮이 가진 성품을 밤이 갖지 못했고 밤이 가진 특색이 낮에게는 없다. 그러므로 내게 없는 것이 네게 있고 네게 없는 것이 내게 있다든지, 내게 넉넉한 게 네게 부족하고 내게 부족한 게 네게는 넉넉한 이런 구성이 얼마나 절묘한 공정이요, 참다운 공평인가를 안다. 저들은 그러므로 내게 없는 것이라든지 모자라는 것 때문에 불평하기보다는 내게 있는 것으로 인하여 감사한다. 밤과 낮은 길이에 대해서 연연하지 않는다. 짧아질 대로 짧아지고 나면 다시 길어질 때가 오고, 길어질 대로 길어지고 나면 또 짧아지는 이치를 아는 것이다. 그렇다. 세상만사에 흥망성쇠가 있고 인생에도 생사가 있으며 화복이 교차한다. 우리가 어떤 경우에도 낙심하지 말아야 하는 것은 바닥에까지 떨어지고 나면 오를 때가 오고, 교만하지 말아야 하는 이유는 정점에 오르면 내려와야 하는 이치가 있기 때문이다.

낮과 밤은 서로 성품이 다르다. 낮은 감추어진 것을 드러내는 일을 자랑으로 여긴다. 투명하게 밝히면서 불의나 부도덕을 책망한다. 공의公義로운 성품 때문이다. 그러므로 그 앞에서는 무엇이든 벌거벗은 것처럼 드러난다. 그러나 밤은 덮어주고 감싸주는 일을 한다. 볼썽사납게 드러난 것을 덮어주고 덕스럽지 않은 허물을 덮어준다. 낮 동안의 소음도 고요 속으로 밀어 넣는다. 어둠은 감싸주는 것을 자랑으로 여긴다. 세상에 허물 없는 사람이 어디 있는가. 그 모든 것을 폭로하고 공개하는 것이 공의라면 어둠은 그것을 감싸주고 품어주는 사랑을 베푼다. 그렇다. 세상엔 공의가 필요하지만 공의의 잣대로만 다 되는 것이 아니다. 허물과 실수에서 벗어나지 못하고 살아가는 인간에게 공의만 내세우면 살아남을 사람이 과연 있겠는가. 사랑이 없는 공의는 삭막할 뿐이다. 그렇다고 사랑만 있으면 완전한 것인가. 공의를 무시하는 사랑이라면 무질서하다.

낮은 생물들에게 활동할 수 있는 기회를 많이 제공한다. 빛이 에너지를 공급하고 활력을 주기 때문이다. 그러나 그렇다고 계속 활동만 할 수는 없다. 계속 일만 한다면 얼마 가지 않아서 지쳐 쓰러질 것이다. 그래서 밤이 필요하다. 밤은 쉴 수 있는 시간을 만들어 준다. 밤의 고요는 자기 자신을 성찰할 수 있는 좋은 기회를 제공한다. 자기 자신도 제대로 성찰하지 못하는 사람이 어떻게 남에 대해서 바로 말할 수 있으랴. 결국 밤과 낮이 번갈아 가면서 육신과 영혼을 건강하게 한다. 서로 다르면서도 상대를 인정하고 목적을 이루기 위해서 협조하고 있는 것이다.

밤과 낮은 서로 너를 인정할 때 나도 인정받고 너를 존중할 때 나도 존중받을 수 있음을 알고 있다. 나 없는 너만이라든지, 너 없는 나만이라는 것은 곧 파멸을 가져온다는 것을 일찍이 터득하고 있는 것이다. 일년 내내 낮만 계속되는 세상이라든지 밤만 계속되는 세상을 생각해 보라. 얼마나 끔찍한 일인가. 낮이 있기에 사람들은 밤이 주는 고요와 안식에 대한 고마움을 알고, 밤이 있기에 낮이 주는 역동적인 활동의 중요성을 느낀다. 실로 빛의 찬란함은 짙은 어둠이 있기 때문에 얻어지는 것이요, 어둠의 정숙함은 빛의 현란함 때문에 얻어지는 것 아닌가.

밤과 낮은 사람들처럼 평화를 명분으로 내세워 상대방에게 희생을 강요하지도 않고, 남에게 손해를 끼치면서까지 자기 욕심만 채우려 들지도 않는다. 순리를 따르고 서로에 대한 예절을 지킨다. 사람들에게서 이런 정신을 기대한다면 무리일까. 지금 밤이 깊어가고 있다. 곧 어둠이 빗장을 열면 희붐하게 새벽이 들어오기 시작할 것이다. 자연스럽다.

떨어짐의 미학美學

단번에 합격合格하거나 당선當選되는 것은 행운이다. 그러나 불합격하거나 낙선했다고 불행한 것은 아니다. 다시 도전하여 당선되거나 합격하면 되는 것이고 이를 계기로 불합격이나 낙선이 주는 새로운 의미를 깨달을 수 있으면 오히려 축복이 된다.

사람이 온전穩全을 지향한다면 양면兩面의 속성이나 형편을 두루 아는 것이 중요하다. 가령 빛이 되는 삶을 살기 위해서는 어두움의 생리와 형편을 알아야 하는 이치다. 그렇다. 우리는 기쁘게 살아야 한다. 그러기 위해서 슬픔과 아픔의 현장을 몰라서는 안 된다. 양지陽地에서 살아야 하지만 음지陰地의 고통을 알지 못한다면 진정한 양지의 삶에 고마움을 알지 못한다. 어찌 질병을 앓아보지 않고 진정한 건강의 다행을 알 수 있으며 빈곤의 쓰라림을 경험하지 않고 진정한 풍부의 축복을 이야기할 수 있겠는가.

누구나 경험하는 일이지만 나도 지금까지 살아오는 동안 숱하게 시험을 치르고 경합을 벌이는 일에 참여했다. 물론 그때 단번에 당선되거나 합격하는 일이 많았다. 그렇다고 항상 단번에 합격하고 당선만 했겠는가. 낙선하여 기분이 나쁘고 우울하고 상심한 일도 적지 않았다. 그러나 그 많은 경험을 거치고 나서 얻은 결론은 역시 떨어짐에도 의미가 있다는 것이었다. 자동차 운전면허 시험에 떨어지고 나서 운전 시 침착해야 한다는 교훈을 얻었고, 문학작품 모집에 응모했다가 낙선하고는 문장 수련을 더하라는 격려로 받을 수 있었다. 그뿐인가, 나는 떨어져 봄으로 인생에 대하여 좀 더 숙고할 수 있었고, 더욱 겸손해질 수 있었고, 자신에 대해서 돌아볼 수 있는 시간도 갖게 되었다. 내가 만약 한 번도 떨어져본 일이 없었다면 어떻게 다른 사람의 불합격의 아픔을 이해할 수 있었겠으며, 어떻게 그를 위로를 할 수 있었겠는가.

나는 이번에 내가 속해 있는 노회老會에서 회장에 당선되었다. 많은 사람의 축하를 받았다. 이런 축하를 받는 재미가 있어 먼저 노회장이 되고 싶어 하는지 모르지만 나는 이번에도 단번에 회장이 된 것은 아니다.

지지난 회기의 어느 밤중에 나는 전화 한 통을 받았다. 노회원으로부터였는데 이번에 부노회장 선거에 출마하라는 권유였다. 나로서는 전혀 뜻밖인데다 그 사람들로부터 내가 지목된 것이 신기했다. 나중에 알고 보니 지금 출마한 사람을 낙마시키기 위해서 나를 그의 대항마로 이용하고자 하는 의도였다. 그런 의도를 알고야 어떻게 내가 순순히 그들의 의견을 따라줄 수 있었겠는가. 나는 거절했다. 괜히 술수에 말려들 필요도 없고 더구나 지금 출마한 회원과도 그럴 처지가 아니라고 나는 평소에 생각하고 있었던 터였다.

그런데 어떻게 되었는가. 나를 이용하여 자기들의 뜻을 관철하려 했던 사람들이 나의 불응으로 계획이 수포로 돌아가자 또 다른 사람을 대항마로 내세워 처음 출마한 사람을 기어코 떨어뜨리고 말았다. 내가 만약 대항마로 출마했어도 그 사람은 떨어졌을 것이다. 이후 나는 내가 그런 흉한 일에 쓰임 받지 않은 것에 감사하면서 떨어진 회원에게 다음에 다시 도전하라고 위로와 격려를 해주었다. 물론 내가 당신의 대항마가 될 뻔했던 사실도 공개되었다. 그는 나의 위로를 받으면서 인간 사회의 비열한 행태에 환멸을 느낀다 하였고, 다시는 출마하고 싶지 않다고 막말까지 했다. 그만큼 그에게는 낙선이 주는 충격이 컸던 것이다.

그다음 회기였다. 이번에는 내가 맨 먼저 추천을 받아 출마를 하게 되었다. 그런데 나하고 경합을 하지 않겠다던 그 친구가 주변에서 후원하는 사람들이 있어서 할 수 없이 출마한다는 변명과 함께 나의 경쟁자가 되었고 결국 나를 낙마시켰다. 나는 그의 대항마가 되는 것을 거절했는데 그는 나의 대항마가 기꺼이 되어서 나를 떨어트린 것이다. 회원이라면 누구나 출마할 수 있고 경선에 나가 다른 후보자를 떨어뜨릴 수 있으니 그럴 수 있다고 가볍게 생각할 수도 있는 일이다. 그런데 그 후 나는 추대를 받아서 경선 없이 노회장이 되었다. 결국 그냥 노회장이 된 것이 아니라 세상에는 이런저런 사람들이 있다는 비싼 교훈을 덤으로 얻으며 된 것이다.

벌써 오래된 이야기다. 신학공부를 마치고 목사가 되는 관문인 강도사 고시를 치렀는데 낙방을 했다. 속이 상했다. 시험관이 현장 필기시험이 아닌, 집에서 연구하여 제출하는 '성경주해'라는 과목 하나를 떨어뜨려 놓았기 때문이었다. 이럴 수가 있는가 하여 속이 상해 있는데 어느 날 버스 대합실에서 우연히 함께 공부했던 여학생을 만나게 되었다. 깜짝 반가워하며 그 여학생이 "강도사 고시는 물론 합격했지요?" 하고 물어왔을 때 나는 기가 죽었다. 그런데 그 여학생이 하는 말이 "떨어질 사람이 떨어졌네요." 하는 게 아닌가. 나는 그때 그 여학생으로부터 어쩌면 위로의 말을 기대했었는지 모른다. "어떻게 그리 됐어요?" 하는 식으로.

그런데 그의 대답은 너무 엉뚱했다. '떨어질 사람이 떨어지다니, 그렇다면 내가 실력이 모자라 떨어졌단 말인가!' 처음에는 섭섭하게 들렸다. 그러나 돌아오면서 곰곰이 생각하니 그보다 정확한 답은 없는 성싶었다. 그렇다. 떨어질 사람이기에 떨어지는 것이다. 우리는 자신이 떨어지지 않을 사람으로 생각하기 때문에 떨어지고 나서 섭섭하기도 하고 가슴이 아프기도 한 것이다. 그러나 떨어지지 않을 사람이 왜 떨어지는가. 떨어진 사람은 떨어질 수밖에 없는 그 무엇이 있기 때문에 떨어지는 것이다. 분명한 사실은 내가 떨어진 것은 결코 좌절이나 낙심을 위해서가 아니란 사실이다. 나의 경우 떨어진 후에 더 좋은 일이 있었고 또 다른 길이 예비되어 있었으며 위로와 기쁨과 깨달음이 수반되었다. 결국 떨어짐에도 의미가 있었다.

떨어져 보라. 떨어지고 부끄러워하거나 마음 상해 하기보다는 이를 통해 단 한 가지라도 깨달음을 얻자. 그것이 나의 인생을 좀 더 풍요롭게 하는 요소가 되지 않을까. 아무 저항이나 반대나 난관이 없이 수월하게만 이루어지는 일이 있다면 과연 그런 일을 성취했을 때 그 일이 대단한 의미가 있는 일이겠는가.

어머니, 제가 급해요

　부모를 남겨두고 먼저 세상을 떠나는 것을 우리 사회에서는 불효라고 생각한다. 태어나고 죽는 일이 우리들 마음대로 할 수 있는 문제가 아니란 걸 알면서도 세상에 남아서 가슴 아파하는 부모의 마음을 헤아리다 보니까 그런 생각을 하는 것이다. 부모가 세상을 떠나면 산에다 묻고 자식이 죽으면 가슴에다 묻는다는 말도 있지 않은가. 두고두고 가슴에 묻은 자식을 생각하며 눈물짓게 만드는 자식은 이유가 어떻든 부모에게 잘한 것은 아니다.

　예전에 내가 살았던 고향 마을에 노모를 모신 어른이 계셨다. 환갑을 넘기면 장수했다고 생각하던 시절이었다. 어머니는 환갑을 넘기셨다. 당시 사정으로는 지금 돌아가셔도 사람들이 호상이라고 할 것 같은데 정정하셨고 자신은 오래 살 것 같지가 않았다. 자식의 입장으로는 자기가 먼저 죽지 않아야 어머니의 마음을 아프지 않게 해 드리는 것인데 근력이 하루가 다르게 떨어지는 것이었다. 그렇다고 어머니께서 먼저 돌아가셨으면 좋겠다고 터놓고 말할 수는 없는 노릇 아닌가. 답답할 때마다 그 어른은 이렇게 말했다. "어머니, 제가 급해요."

우리는 일반적으로 장수를 축복으로 여긴다. 나이가 들면 "어서 죽고 싶다."고 버릇처럼 말하는 사람도 있긴 하지만 그것은 특별한 경우가 아니면 거짓말이다. 질병으로 고통 중에 있다든지 생활 형편이 너무 어려워 순간적으로 그런 생각을 가질 수는 있다. 또한 일생 살면서 "죽고 싶다."는 생각을 한 번도 안 한 사람은 없을 것이다. 그러나 일반적으로 빨리 세상을 떠나고 싶지는 않은 것이다.

성경도 장수를 하나님께서 우리에게 내려주시는 상급이나 복으로 말씀하고 있다. 예를 들면 부모를 공경하고 순종하는 사람에게 하나님은 이 땅에서 잘 되고 장수하도록 하겠다고 약속하셨다.(출 20:12, 엡 6:1-3) 그러나 오래 사는 것이 무조건 축복이 될 수 있을까. 적어도 다음 세 가지 조건을 충족시키지 못한다면 결코 축복이라 할 수는 없을 것이다.

첫째 조건은 건강한 가운데 장수하는 것이다. 늘 몸이 아파서 고통스러운 가운데 오래 사는 것은 차라리 불행이다. 아픈 본인은 말할 것도 없지만 주변의 가족들이나 이웃에게 안타까움과 고통을 주는 것은 복이 아니다.

둘째로, 자녀를 비롯한 후손이 형통하지 못한데 오래만 사는 것을 축복이라 할 수는 없다. 자손들이 잘못되어 세상에 물의나 일으키고 지탄의 대상이 되었는데 그럼에도 오래 살면 축복이라 할 수 있겠는가. 부모의 마음이 편할 리 없다. 우리는 적어도 부모의 입에서 "내가 너무 오래 살아서 이런 꼴을 보게 된다."며 한숨을 쉬게 만들어서는 안 된다. 여기서 우리는 후손들을 바르게 양육해야 하는 이유를 찾을 수 있다.

마지막으로 우리는 하나님을 신앙하지 않는 사람의 장수를 생각해야 한다. 내세에 대한 보장을 받지 못하고 이 땅에서만 오래 사는 것을 축복이라 할 수 있겠는가. 아니다. 이 세상에서의 삶은 아무리 오래 살아도 한계가 있고 아무리 호강스러운 삶을 살아도 허무한 것이다. 백년을 살아도 그렇고 천년을 살아도 마찬가지다. 이 세상의 나그네길을 마친 후 아무 대책이 없으면 불행한 것이다. 진정한 장수는 그러므로 영원한 삶을 사는 것이다. 하나님의 약속인 영생복락을 소망하고 그 소망을 소유한 사람만이 진정한 장수의 복을 받은 사람이다.

예수 그리스도를 영접한 사람에게는 사실 이 땅에서 얼마 동안 사느냐가 그렇게 중요한 것이 아니다. 오히려 어떻게 살았는가가 더 중요하다. 결국 예수 그리스도 안에 진정한 장수가 있고 그 믿음으로 사는 것이 축복이다.

제5부

새 집에 들어와서

오늘은 좋은 날

공교롭게도 그 친구가 병원에 가는 날, 병원은 다르지만 우리 부부도 정기 검진을 받으러 가는 날이 되었다. 그 친구는 폐암이 발병하여 치료 중에 있으니 우리 부부가 혈압 때문에 6개월 만에 가는 정기 검진 정도는 시쳇말로 새 발의 피라고 생각할 수 있을 것이다.

그러나 옛날부터 남의 염병이 내 고뿔만 못하다는 말이 있지 않은가. 우리는 우리 나름대로 병원 가는 일이 기분 좋다고 할 수는 없는 노릇이다. 아픈 것보다 병원 가기가 더 싫다는 아내를 데리고 병원에 다닌 지가 벌써 수년이 되었다. 이제는 이력이 나서 잘 따라나서지만 부부가 어깨를 나란히 하고 정기적으로 가는 곳이 하필이면 병원이라니 서글프다. 아내는 병원이 없었으면 좋겠다고 했다. 나도 그랬으면 좋겠다. 그렇지만 병이 없어지지 않는 한 어떻게 병원이 없어질까.

나와 친분을 맺고 있는 어떤 분이 병원은 죽어라고 가기 싫지만 몸 상태가 어쩔 수 없이 가야만 하는 형편이 된 뒤부터 자기 최면을 걸기로 했다고 한다. 하루에 몇 번씩 주문을 외우듯 "병원은 좋은 곳이다, 병원은 좋은 곳이다." 하고 되뇌다 보니 이제는 아무렇지 않게 병원에

갈 수 있게 되었노라고 했다. 사실 따지고 보면 병원 자체가 나쁜 곳은 아니지 않는가.

나는 오늘 진료를 받으러 가야 하는 그 친구에게 일찍 전화를 했다. 반갑게 받아 주었다. "오늘 가시는 날이지요?" 했더니 "고맙습니다." 하면서 병원 가는 날까지 기억하고 격려해 준다고 고마워했다. 나는 오늘이 마침 우리 부부도 혈압 때문에 정기 검진 받으러 가는 날이라 하면서 우리가 여의치 못해서 명문을 다니지 못했지만 병원이라도 명문으로 가야지요, 했더니 기쁜 웃음소리가 전화선을 타고 들려왔다. 그 웃음 뒤에 기뻐하는 얼굴도 그려졌다. 그 친구는 세브란스병원으로 가고 나는 서울대학병원으로 가는 것이다.

내가 "오늘 컨디션은 좋지요?" 하고 물었더니 "그럼요, 지금이야 좋지요. 주사를 맞고 나면 며칠간 소금에 절여놓은 배추 포기가 되는 거지."라고 대답했다. 항암주사가 사람을 잡는 것이었다. 겉으로는 멀쩡한데 암에 걸렸다 하니 어떻게 하겠는가. 낫기 위해서 주사를 맞아야 하고 맞고 나면 예의 배추 포기처럼 풀이 죽는다. 회복하려고 억지를 써가며 음식을 먹으면 조금씩 힘이 나는데 그래서 기력이 회복되는 듯하면 또 주사 맞을 날이 다가온다. 참 지겨운 투병생활이다. 그래도 그 친구는 주변의 가족들과 친지들의 헌신적인 간호와 격려에 힘을 낸다고 했다. 그렇다. 때로는 다들 한 번은 가는 것인데 하면서 치료를 포기하고 싶어도 관심을 가지고 도와주는 분들에게 미안해서라도 최선을 다해야 하는 것이 우리들이다. 우리는 세상을 혼자만 사는 게 결코 아니다.

마침 오늘이 7월 17일, 국경일이다. 그리고 그렇게 오랫동안 가물더니 오늘 밤부터 비가 내릴 것이라는 예보도 있다. 나는 그 친구에게 전화를 끊기 전에 말했다. "씩씩하게 다녀옵시다. 오늘이 국경일이고 모처럼 단비 소식도 있네요. 이래저래 좋은 날입니다." 저쪽에서 허허허 하는 웃음소리가 들려왔다. 그리고 "그래요, 힘냅시다." 하는 응답이 왔다. 그래서 우리는 고난 중에도 기뻐할 수 있다.

단비

　오랜 가뭄 끝에 내려서인지 빗소리가 달콤하다. 부드럽기가 윤삼월 햇살 같다. 자다가 일어나 창문을 열어보기를 여러 번 했다. 그때마다 꾸준하게 내리고 있었다. 바람에 휩쓸려 빗겨 내리지도 않고 오랑캐처럼 퍼부어 대는 폭우도 아니다. 어린아이들이 돌담 아래 모여 소꿉놀이하며 재잘거리듯 다정하게 내린다. 그 모습이 잘 빗겨지는 머릿결처럼 양순하다. 반갑다.

　비도 사람처럼 기다리다 만나니 더 반갑다. 아무리 고마운 비도 장마가 되면 싫증이 난다. 사모할 적에 내려야 단비다. 똑같은 음식이라도 배부를 때와 배고플 때 음식 맛은 다르지 않은가. 매일 만나는 것도 정을 쌓아가는 데 좋을 수 있지만 반갑기는 오랫동안 멀리 떨어져 그리워만 하다가 만났을 때이다. 매일 만나도 항상 새로운 기분으로 반갑다면 연인 사이일 것이다. 만났다 뒤돌아서면 바로 다시 보고픈 연인 사이. 그러나 연인 사이라 할지라도 결혼하여 가정을 이루고 살다 보면 그 신비하고 아기자기한 정은 시나브로 사그라지기 마련이다. 그래서 권태기라는 것이 오기도 하지 않는가 싶다. 그 시기를 잘 넘기지 않으면 위기도 온다. 그러나 잘 넘기면 그때는 폭풍노도와 같은 열정이 아니라 차분하게 정제된 정을 나누며 성공적으로 인생을 마무리할 수 있다.

우리 모두 단비와 같은 사람이 되어야 한다. 다른 사람에게 그리움의 대상, 주변에 없으면 아쉽고 곁에 있으면 든든한 사람. 지금은 부드럽게 다가와 주고 살갑게 얘기해 주고 만나면 뭔가 기쁨을 주는 사람이 아쉬운 세상이다. 폭풍에 밀려 쏟아지는 폭우는 사납다. 범접하기가 두렵다. 소나기는 정함이 없어서 믿을 수가 없다. 그러나 대지와 초목이 목마를 때 조곤조곤 대화하듯 내리는 비는 친근감을 준다. 그리고 불현듯 누군가가 그리워지게도 한다.

나는 이렇게 비가 차분하게 내리는 날이면 먼저 부모님이 생각난다. 아버지께서 떠나신 날도 비가 내렸다. 아홉 해가 지나 그 뒤를 따르셨던 어머니께서도 비 오는 날을 택하셨다. 그래서 우리는 두 분 다 비와 슬픔이 뒤엉킨 가운데서 장례를 치러야 했다. 그래서 부모님의 기일만 돌아오면 비 내리던 그날이 생각나고 비가 내리면 부모님이 그리워진다. 이제는 내 나이도 부모님이 세상을 떠나시던 나이를 향하여 달려가고 있다. 그 속도가 예전과 달리 매우 빠르게 느껴진다. 그래도 비가 내리면 마음이 차분해지는 이유가 무얼까.

밖이 희붐하게 밝아오면서 흠뻑 비를 맞은 자동차들도, 나무들도 보인다. 밤새 은총에 젖은 것이다. 비록 시멘트 벽돌 건물에 갇혀 살지만 사모할 때 내리는 비는 결코 내 정서까지 삭막하게 묶어 두지는 못하게 하고 있다. 비가 지금도 순한 양처럼 내리고 있다. 단비다. 은총이다. 그러고 보니 그 은총이 서서히 내 마음에도 젖어들고 있었던 것이다.

새 집에 들어와서

정초에 이사를 했다. 새해부터 새 집에서 살게 되었다. 새롭다는 것은 언제나 마음을 설레게 하고 기대를 갖게 한다. 그동안 여러 번 이사를 했고, 전혀 뜻하지 않은 이유로 이사를 한 경우도 있었기 때문에 우리는 여기서도 얼마 동안 살지 모른다. 그러나 사는 동안만이라도 평안했으면 좋겠다. 평안이 따로 있겠는가. 건전한 사고思考와 건강한 몸만 유지될 수 있다면 될 것이다. 언제나 마음먹으면 기도할 수 있고, 책을 읽을 수 있고, 음악을 들을 수 있고, 자유스럽게 옷 벗고 쉴 수 있다면 더 무엇을 바라랴. 그리고 기왕에 욕심을 부린다면 내 생활에 만족하며 살고 싶다. 많은 것을 소유했어도 만족이 없다면 그것을 행복이라 할 수는 없다.

아침에 일어나서 뒤쪽 창으로 우뚝 서 있는 인수봉을 바라보는 게 좋다. 건조한 아파트 단지에서 산을 볼 수 있다는 것은 얼마나 놀라운 축복이요, 호사인가. 그러고 보니 나는 북한산을 후원後苑으로 삼고 살게 된 것이다. 아직은 산 전체가 메마른 모습이다. 인수봉 꼭대기와 계곡 쪽으로 희끗희끗하게 잔설이 보인다. 그러나 조금 있으면 봄은 서서히 산을 타고 오를 것이다. 갑자기 푸른색을 이고 산을 오르는 나무들이 보고 싶어진다. 거기에 진달래가 화사하게 피고 조팝나무와 산벚꽃이 활짝 피면 나는 또 몸살을 앓을 것이다.

저녁때가 되면 어둠은 산을 타고 내려온다. 그러고 보니 봄은 산을 타고 오르면서 약동하는 생명을 느끼게 해 주고 어둠은 산을 내려와서 우리에게 밤을 주고 안식을 허락한다. 우리는 아무리 낮은 산이라도 오르내리기가 쉽지 않은데 계절과 밤낮은 그 일에 너무나 익숙하다. 그런 산을 보면서 그냥 오도카니 서 있고만 싶을 때가 있다. 아무 생각 없이 그냥 서 있기만 해도 마음이 평안해진다. 바람소리조차 아직 깨어나지 않은 새벽이나 서서히 어둠이 덮여 오면서 아파트 창문에 하나 둘 불이 밝혀지는 때가 되면 목이 마르고 커피향이 그리워지기도 한다. 인생이란 본래 고독한 것이 아닐까. 태어날 때 가족들은 기뻐했는지 모르지만 본인은 울면서 태어났다. 그리고 떠날 때 홀로 가야 한다. 많은 사람과 어울려 살지만 내 인생은 오직 내 것일 뿐이다. 그러므로 혼자의 시간을 즐길 줄 아는 사람이 더욱 인생의 참맛과 깊이를 알 것 같다.

고요한 시간에 우리는 절대자를 만날 수 있다. 도회지의 소음 속에서 어떻게 자신의 마음조차 들여다보며 만져볼 수 있겠는가. 그러므로 홀로 있을 때 절대자는 우리와 더욱 깊은 교제를 원할 것이다. 대자연의 아름다움도 혼자 있을 때 더욱 절실하게 다가오고 아름다운 음악도 외로울 때 더욱 감미롭고 깊어진다.

나는 새로 이사한 이 집에서 영혼의 자유를 누리려 한다. 보다 평범해지고 싶다. 특별한 생각보다는 원초적인 자유인으로 살고 싶다. 배고프면 밥 먹으면 된다. 그리우면 그리워하고 졸리면 자는 것이다. 남과 비교하면서 애닳아하고 뒤떨어진 것에 탄식하거나 조급해하고 싶지도 않다. 조금 늦었더라도 서두르지 말고 여유를 누리고 싶다.

예컨대 속도보다는 방향을 생각하며 살고 싶다. 어떤 정신으로 사느냐 하는 것이 소중하고 마음을 잘 간수하는 것이 이 세상을 이기는 비결 아니겠는가. 소유에 집착하다 보면 원망과 불평이 틈을 탈 것이니 주어진 환경에 감사하며 살련다. 그것이 평안을 가져다 줄 것이고 그것이 나를 극복하는 길이기도 할 것이다.

그렇다고 왜 내게 욕심이 없겠는가. 산을 바라보는 시간을 조금 더 갖고 싶다. 제자리에 우뚝 서 있어 요동하지 않는 모습을. 밤하늘의 별을 남보다 더 바라보고 싶다. 서울 하늘에도 별은 뜨고 있다. 이 땅에 살면서 아파하는 사람들을 좀 더 보듬을 수는 없을까. 전능자와 교제하는 시간을 좀 더 갖고 싶다.

생각하면, 어두워지면 찾아와 몸을 눕힐 수 있는 공간이 있다는 것이 얼마나 감사하며, 날이 밝으면 일하러 나갈 수 있는 일터와 건강이 있다는 것이 또한 얼마나 감사한 일인가. 여기서 사랑하는 가족과 일상의 평범하고 시답지 않은 이야기로 웃음꽃을 피울 수 있다는 것은 얼마나 행복한 일인가. 가정이 이루어지고 집이 마련되었으면 거기에 매여야 한다. 그래야 참다운 자유를 누릴 수 있다. 진리에 매여야 그 진리에게서 참 자유를 얻는 것과 같이. 나는 새 집에서 그렇게 살고 싶다.

가난한 시절을 겪었다는 경험

미래에 대한 희망을 이야기하기보다 과거에 대한 추억을 더듬는 시간이 많으면 나이든 징조다. 신세대, 신사고에 밀리다보면 나이들어 자랑할 것은 별로 없는 것 같다. 굳이 말한다면 축적된 경험을 가지고 있다는 것이라 할까. 흐르는 세월에 얹혀살면서 이런 환경, 저런 사건들을 만나 부대끼다 보면 저절로 쌓이는 것이 경험이다.

그러나 이 경험이 모든 사람에게 환영을 받는 것은 아니다. 본인에게는 소중한 재산일 수 있지만 다른 사람, 특별히 젊은이들로부터는 외면당하기 십상이다. 케케묵은 유물 취급을 받는 경우가 많다. 그러나 어디 그런가. 쓸모없는 낡은 지식에 불과하다고 내박쳐둔 경험이 먼지를 털어내고 나면 현 시대를 살아가는 사람들에게 도움이 되고 특별히 젊은이의 새로운 지식보다 유익할 때가 많다.

가난한 시대를 살았다고 하는 경험은 어떤가. 사실인지 풍자인지는 모르지만 어떤 외국인이 예전에 우리나라엔 '보릿고개'라는 것이 있어서 넘기가 힘들었다고 하니까 그 보릿고개가 해발 몇 미터나 되느냐고 물었다고 하는데 지금 우리의 젊은 세대도 보릿고개를 모르는 사람이 많으리라. 보리가 익어갈 무렵 식량이 없어서 온 나라가 핍절한 삶을 살아야 했던 그 시절. 이 풍요로운 시대에 꼭 그 시절을 기억할 필요가 있겠느냐고 한다면 할 말이 막히지만, 풍요가 거저 오는 것이 아니라는 것을 알진대 또한 불필요한 지식이라고 버릴 것만은 아니지 않은가.

적어도 내 나이보다 위인 한반도에서 사신 분들은 거의 공통적으로 겪은 일이지만 해방 이후 처절했던 보릿고개의 경험을 나는 잊을 수 없다. 풍요로운 삶에 묻혀 잊어버렸나 싶다가도 가끔씩 궁상맞게 찾아와서 자극을 주는 것이 가난한 시절의 그 경험이다.

그렇다면 과연 이 가난을 겪었다고 하는 경험이 우리가 살아가는 데 유익한 것인가? 유익하다, 무익하다,라고 함부로 규정할 수는 없을 것 같다. 때로는 유익한 쪽으로 활용될 수도 있고, 때로는 무익한 쪽으로 적용될 수도 있기 때문일 것이다. 어떤 사람은 그 지긋지긋한 가난을 다시 되풀이하지 않기 위해서 억척같이 모아두려고 할 것이고, 또 어떤 사람은 가난을 겪었기 때문에 앞으로 자신의 생애는 가난한 사람을 위해서 살겠노라고 다짐할 수도 있다. 다시는 내 민족이 가난의 굴레를 써서는 안 된다는 각오로 계몽도 하고 노력도 한다면 결코 무익한 경험은 아니지 싶다.

그렇다면 내가 지금 이야기하려고 하는 이런 내용은 분명히 내가 가난한 시절을 겪은 뒤에 얻어진 행습인데 이게 이로운 것인가, 해로운 것인가 독자 여러분이 판단해 보시기 바란다.

내게는 아끼는 습관이 있다. 종이 한 장도 함부로 버리질 못한다. 마분지도 귀했던 시절을 생각하면 함부로 쓸 수가 없다. 젊은 사람이 몇 자 메모를 하기 위해서 백옥같이 하얀 새 종이를 아무렇지 않게 사용하고 버리는 걸 보면 부럽기도 하지만 아깝다는 생각이 더 든다. 사실 나는 매우 풍족한 사람은 아닐지라도 새 종이 한 장을 간단한 메모용으로 쓰고 버렸다 하여 누구로부터 비난을 받을 정도는 아니다. 그런데 누가 새 종이를 함부로 쓴다든지, 한 면을 사용했지만 이면이 깨끗한 종이를 그냥 버리는 걸 보면 아깝다. 그래서 나는 이면지로 사용할 수 있는 종이는 책상 밑에 모아놓고 간단한 메모나 그렇게 중요하지 않은 내용을 기록할 때 사용한다. 그리고 더 이상 사용할 수 없을 때 비로소 일반 쓰레기와 구별하여 재활용용으로 버린다. 그래서인지 내 책상 밑의 이면지는 줄어들지 않고 오히려 불어만 간다.

옷을 입어도 새것은 아낀다. 내가 생각을 해도 이건 어리석은 일이다. 지금은 예전처럼 옷이 곧 낡아지지를 않는다. 유행을 선도하는 새로운 디자인의 옷이 자꾸 나온다. 새것일 때 입지 않으면 어느새 철이 지나고 유행이 지난 구닥다리가 된다. 그러니 새옷이라고 아끼다 보면 결국 항상 구닥다리를 입는 꼴이 되는 것이다.

음식도 그렇다. 먹을 만큼만 먹으면 아까워할 일도 욕심 낼 일도 아니다. 그럼에도 남기는 것이 아까워 다 먹는 경우가 많다. 귀한 음식을 버리기가 아깝다고 꾸역꾸역 먹어치운다. 우리 몸이 쓰레기장도 아니고 더구나 버린 음식물 처리장도 아닌데 말이다. 배를 곯던 시절에 어르신들이 음식을 버리면 벌 받는다고 하시던 말씀이 생각나서이다.

대낮에도 전깃불을 켜놓는다든지 줄줄 흘러도 수돗물을 잠그지 않은 것을 보면 아주 못마땅할 뿐 아니라 속에서 열불이 치밀기도 한다. 내가 자원을 아끼는 대단한 애국자가 되어서가 아니다. 그건 분명히 가난했던 세상을 살아본 경험 때문이다. 지금 세상에 적응해야지 하고 다짐을 하면서도 실제 생활에 들어가면 여전히 이 궁상맞은 짓을 되풀이하고 있다. 어떤 때는 나의 이런 행동이 스스로 생각해도 한심하다는 생각도 들고, 또 어떤 때는 그래도 아끼는 것이 옳지 않은가 하며 자위를 하게도 된다. 이에 대해서 누가 명쾌한 답을 주었으면 한다. 지금은 절약할 때인가, 소비를 촉진시켜 경기를 활성화시켜야 할 때인가. 아무튼 나는 내가 겪은 가난이 결코 자랑거리라 할 수는 없어도 무의미한 것은 아닐 것 같다는 생각을 끌어안고 살다가 죽을 것 같다.

맛 이야기

지금도 물론 싫어하지는 않지만 전에는 신맛이 좋았다. 그래서 풋사과나 포도의 신맛을 즐겼다. 맛으로 먹은 것은 아니지만 일정 기간 밥을 먹지 않고 포도만 먹으면 건강에 좋다는 이른바 포도요법이라는 속설을 믿고 한 달 가까이 포도만 먹고 산 일도 있다. 아무리 건강에 좋다 하여도 신맛을 싫어한다면 어떻게 포도만 한 달 가까이 먹었겠는가. 나중엔 이가 시렸다. 그래도 포도만 먹고 산 경험이 있다. 김치도 산뜻한 맛이 나는 날것보다 맛이 가셔서 이제는 버릴 수밖에 없겠다고 생각할 즈음의 시크무레한 것이 좋았다. 약간 군둥내가 날 정도면 김치찌개를 해 먹어도 맛있었고, 내가 유독 좋아하는 고등어를 조릴 때에도 그걸 같이 사용하여 조리한 것이 일품이었다.

그런데 언제부턴가 단맛이 좋아졌다. 어릴 적 이후 언제는 단맛이 싫었으랴만 요즘 들어 부쩍 과자나 사탕도 좋고 단맛이 많이 든 떡도 당긴다. 그래서 생각해 보니 내가 어렸을 적에 우리 부모님이 나이드신 어르신을 찾아갈 때면 으레 박하사탕 한 봉지를 사들고 가시던 일이 떠오른다. 그때는 형편이 여의치 않아서이기도 했지만 사탕을 들고 가셨던 다른 이유가 있었을 법도 하다. 나이가 들면 어린아이가 된다는 말도 있지만 성품뿐 아니라 입맛도 단맛을 좋아하는 어린아이와 같아지는가 보다. 내 어머니도 말년에 홍시의 단맛을 즐기셨다. 그런데 이제는 나도 감의 단맛이 좋다. 설탕 성분이 건강에 좋지 않다는 상식 때문에 삼가려고 애쓰지만 그래도 단맛이 좋은 건 어쩔 수 없다.

짠 소금을 그냥 먹기는 어렵지만 음식의 맛을 내는 데는 필수적이다. 싱거우면 맛이 없는 것 같아서 소금을 쳐 먹다 보니 과다하게 섭취하는 것 같다. 찐 감자에 설탕을 찍어 먹기보다는 소금을 찍어 먹는 게 개운하다. 그래도 소금을 많이 섭취하면 신장계통에 나쁜 영향을 준다는 이론 때문에 나는 많이 삼가고 있다. 신장 수술을 한 일이 있기 때문이다. 그런데 왜 돈을 지나치게 아끼는 사람을 짜다고 할까.

지금도 그렇지만 한때 우리 민족은 매운 맛을 자랑스럽게 즐기지 않았나 싶다. 운동경기, 그중에서도 격렬한 운동을 하는 선수에게 고춧가루 정신을 고취시키기도 했다. 지금 생각하면 얼마나 무지한 생각이었는지 모른다. 그래도 그 시절에는 고춧가루 정신으로 시합에 나가서 메달을 따오기도 했다. 고뿔이 들면 소주에 고춧가루 타서 마시기도 했다. 지금도 민물고기에 고춧가루 풀고 그것도 부족하여 매운 고추 썰어 넣어 끓인 매운탕을 즐기는 사람이 얼마나 많은가. 고추장에 고추 찍어 먹는 버릇은 아마 우리 민족에게만 있지 않나 싶다. 그러나 나이가 들면서 나는 그게 싫어졌다. 매운 음식을 먹으면 위장이 화끈거리는 것 같은 반응이 위염을 앓은 뒤부터 더욱 싫어져서 순하게 먹으려 한다.

쓴맛은 어려서부터 싫었다. 몸이 아파 병원에 가면 당의정도 갈아서

가루로 만들어 주던 그 하얀 색깔의 맛, 물과 함께 목 안에 털어 넣었는데도 왜 그렇게 오랫동안 입안을 쓰게 했던가. 아버지께서는 산에 지천으로 나는 쑥을 베어다가 엮어서 헛간에 매달아 두었다. 그러면 그것은 그늘에서 자연적으로 말랐다. 이 마른 쑥이 가끔씩 우리 가정의 상비약 역할을 했다. 그 어렸을 때는 코피도 왜 그리 자주 났던가. 우리가 코피라도 흘리면 아버지는 마른 쑥 잎을 비벼 가지고 콧구멍을 막아 주었다. 그리고 조금 기다리면 향긋한 냄새가 맡아지면서 코피가 멎곤 했다. 배가 아프다고 하면 그것을 달여서 새까맣게 우러난 물을 마시도록 했다. 어떤 때는 익모초를 갈아 즙을 내서 마시도록 했다. 그것들이 얼마나 쓰고 거북스러웠던가. 그런데 그걸 마시고 나면 신기하게도 속이 개운해지면서 입맛도 붙었다. 마시기 싫다고 짜증이라도 내면 쓴 게 약이 된다고 하시던 아버지의 말씀이 지금도 기억에 생생하다.

맛은 혀가 구별해 낸다. 그리고 그 혀가 맛의 좋고 나쁘고를 표현해 주지만 몸은 그 모든 맛을 차별 없이 받아들여 소화해 내고 있다. 때로는 먹기가 거북한 것도 먹어야 하는 이유가 여기에 있다. 맛이 좋으면 먹기에는 좋지만 먹기 좋은 음식만 먹을 수 없는 것이 우리의 몸이기도 하다. 영양이나 약효를 고려하지 않을 수 없는 것이다.

인생을 치열하게 산 사람들은 흔히 산전수전 다 겪었다는 말을 한다. 쓴맛 단맛 다 보았다고 표현하기도 한다. 그렇다. 인생살이가 어떤 면에서 생각하면 전쟁 같고 맛보기와도 흡사하다. 젊었을 때는 고뇌도 있지만 어쩌면 단맛과 같을지 모른다. 신혼 때는 꿀맛과 같은 시기일 것이다. 그러나 차츰 신맛으로 돌아가고 힘들 때는 영락없이 쓴맛이다.

남에게 책망을 들을 때도 역시 쓴맛이다. 매를 맞으면 화끈한 매운맛이고 꾸중을 들으면서 실수를 인정해야 할 때는 짠맛이다. 그 외에도 우리가 살아가면서 느끼는 맛은 많기도 하다. 대충 생각해도 시금털털한 맛, 고리타분한 맛, 쌉쌀한 맛이 있는가 하면 고소한 맛, 상큼한 맛, 구수한 맛도 있다. 쫄깃쫄깃한 맛, 새콤달콤한 맛, 달짝지근한 맛이 입에 당기는가 하면 담백한 맛이 좋을 때도 있다. 요즘엔 건강을 위해서 짜지 않게 먹으라고 조언들을 하는데, 그렇다. 싱거운 맛도 있다. 어떤 사람이 세상을 살면서 이런 여러 맛을 겪지 않을 수 있었으랴.

　사람 자체가 맛을 내기도 한다. 싱거운 사람도 있고 자극을 주는 사람도 있다. 그러나 너무 단맛을 내기보다는 숭늉같이 구수한 맛을 내는 사람이 좋다. 그렇다고 어떻게 내 입맛에 맞는 사람과만 사귈 수 있는가. 음식을 만들 때 여러 맛이 필요한 것처럼 인생도 여러 맛의 사람들을 겪으면서 성숙되는 게 아닐까. 아무리 좋아하는 맛도 편식하면 안 되고 싫어하는 맛도 결핍되면 안 되는 것이 음식 섭취의 상식이다.

　인생도 마찬가지다. 달콤한 맛만 과도하게 취해서 되겠는가. 달콤한 맛만 좋아하는 사람에게서 과연 깊은 맛이 우러나오겠는가. 신맛, 짠맛, 매운맛, 쓴맛도 고루 맛보아야 참맛을 알게 된다. 고매한 인격도 거기서 형성되고 고양된 교양도 거기서 갖추어지는 게 아닐까. 안일하게 살 일이 아니다. 좀 더 진지할 필요가 있다. 무미건조한 것은 재미가 없다. 쓴맛, 단맛을 맛보며 사는 것이 인생이다. 해 넘어가는 노을을 바라보면서 오늘도 커피 한 잔을 음미한다. 쓴 커피 맛이 달다.

구멍

우리 몸에는 아홉 개의 구멍이 있다. 땀구멍처럼 육안으로 확연하게 보이지 않는 것이나 이미 폐쇄되어 기능을 발휘하지 못하는 배꼽을 제외하면 머리 부분에 일곱 개, 하체에 두 개, 도합 아홉 개다. 머리 부분에 있는 구멍들은 드러나 볼 수 있는 것들이지만 하체에 있는 두 가지는 부끄러운 부분이라 해서 우리는 옷을 입어 숨기고 남의 눈에 띄지 않게 보호한다.

나는 지금 이 구멍들에 대하여 이야기하려는데 미리 말씀드린다면 어떤 철학적이거나 과학적인 근거를 두고 하고자 함이 아님을 이해해주시기 바란다. 지극히 상식적이며 어쩌면 하나마나한 얘기일 것이다. 그런 얘기를 왜 하느냐 하고 묻는다면 사실 할 말이 없다. 읽기 싫으면 이쯤에서 그만두시라. 그러나 궁금하면 읽으시라. 시간만 낭비한 것이 아닐 수 있다.

우리가 다 아는 것이지만 머리 부분에 있는 것 중에 눈구멍 둘은 사물을 보는 역할을 한다. 콧구멍도 둘인데 구멍은 아래로 향하여 뚫려 있다. 원래 굴뚝 역할을 하라고 만든 것이 아님을 알 수 있다. 사람이 죽었는가 살았는가를 맨 먼저 식별할 수 있는 곳이기도 하다. 숨을 쉬지 않고 멈췄으면 이미 죽은 것이다. 귀는 머리 양쪽에 하나씩 달려 있다. 물론 남의 말이나 소리를 듣는 곳이다. 혹자는 귀가 양쪽에 하나씩 달려 있는 것은 남의 말을 들어도 양편 말을 다 듣고 송사하라는 뜻이라 했다. 입은 먹는 일과 말하는 기능을 한다. 일단 육신을 살리는 일을 하는 것이다. 음식을 먹지 않고 살 수는 없다. 말하는 것도 그렇다. 말한마디의 위력을 얘기할 때 성경은 죽고 사는 것이 혀의 힘에 달려 있다고 했다.(잠언 18:21)

처음 조물주께서 이런 구멍들이 얼마나 필요하고 소중하기 때문에 만들었겠는가만 우리는 그중에서 덮개가 있는 것을 더욱 소중하게 다룰 필요가 있다고 본다. 눈은 꺼풀이 있어서 스스로 보지 않을 수 있는 장치가 되어 있는 것이다. 잠을 잘 때 눈을 감고, 이물질이 침입할 때는 눈동자를 보호하기 위해서 자동으로 닫히게 되어 있기도 하다. 그렇다. 보아서는 안 되는 것은 보지 말아야 한다. 눈의 호기심은 보지 말아야 할 남의 약점이나 치부를 보고자 유혹하기도 한다. 이로 인해 치한으로 오인받기도 하고 말썽이 나서 망신을 당하는 경우도 허다하다. 입에는 입술이라는 덮개 역할을 하는 것이 있다. 이는 말과 먹는 것을 조심하라는 뜻이 아니겠는가. 확실히 대인관계에서 말은 가장 중요하다. 할 말은 해야 한다. 그러나 아무 말이나 하는 것은 예절에 어긋날 수 있다. 덕스럽지 않거나 저속한 말은 그 사람의 품위를 떨어트린다. 속이는 말이나 아첨하는 말이나 참소하는 말은 남에게 피해를 준다. 그런 말을 조심하라고 입술이 있다. 음식 먹는 것도 그렇다. 요즈음은 음식이 없어 굶는 고통보다 과식 때문에 각종 질병에 시달리고 있다. 성경은 네가 만일 음식을 탐하는 자이거든 네 목에 칼을 둘 것이라 했다.(잠 23:2) 식탐을 주의하라고 제어장치로 입술이 있다.

하체에 있는 두 구멍은 배설기관이다. 앞쪽으로는 소변이 나오고 뒤쪽의 항문은 대변을 누게 되어 있다. 음식을 먹으면 영양분은 육신을 살리는 에너지원이 되지만 쓸모없는 것은 버려야 한다. 버릴 것은 버려야 가볍고 건강하다. 그런데 조물주는 소변을 누는 곳을 자손 번식을 위하여 필요한 생식기관을 겸하게 만들었다. 여기 때문에 윤리적인 문제가 발생하여 주변과 세상을 떠들썩하게 만드는 사건이 얼마나 많은가. 중요한 기관이기 때문에 관리를 잘못하면 오히려 낭패가 더 많다. 쾌락을 위하여 남용하고 절제하지 못하면 죽음을 부르는 것이다. 귀한 만큼 보호도 각별해야 한다.

조물주는 사람에게 불필요한 기관을 만들지 않았다. 배꼽은 어머니 뱃속에서는 꼭 필요한 중요 기관이었지만 개체로 태어났을 때는 필요 없는 기관이다. 가차 없이 폐쇄시켜 흔적만 남았다. 우리도 세상에서 쓸모가 없으면 도태되는, 어쩌면 살벌한 원리 안에서 살고 있는 것이다. 어느 곳에 있든지 거기에서 필요한 사람이 되어야 한다. 제 구실을 못하면서 그 자리에 있다는 것은 우리 몸의 고장 난 기관과 같다. 병이 든 것이다. 그런 몸은 본인에게 고통을 가져다주는 것이고 그런 사람이 있으면 사회적으로 불행하다.

성경은 사람에게 있는 여러 기관을 몸과 지체로 비유하고 있다. 각기 하는 일은 다르나 그 모든 기관이 자기 자리에서 제 기능을 발휘할 때

건강하다는 것이다. 그러므로 나와 같지 않다고 배척할 수 없고 서로 존귀하게 여겨야 한다. 실로 그렇다. 나를 형성하는 어떤 기관이라도 부실하거나 고장 나면 나는 지체불구자가 된다.

  요즘 나는 시력과 청력이 약해졌다. 돋보기를 쓰고 봐야 하고 보청기를 착용해야 들린다. 다른 구멍들도 쇠약해져 간다. 아직 건강할 때 지키고 보호해야 하겠다는 생각을 하면서도 혹사하기도 하고 남용하기도 한다. 온몸과 모든 기관이 다 소중하지만 아홉 개의 구멍들이여, 제 소임과 기능을 위하여 내 목숨을 다하기까지 건재하거라.

걸레와 행주

걸레나 행주는 모두 더러워진 곳이나 지저분하게 된 물건을 깨끗하게 닦거나 훔치는 데 쓰는 헝겊으로 된 도구다. 요즈음처럼 풍요로운 시대에서는 걸레나 행주도 상품으로 만들어져 나와 구매해서 사용하기도 하지만 예전에는 어디 그랬던가. 입고 있던 내복이나 메리야스 같은 옷이 낡아져 더 이상 입을 수 없을 때쯤 되면 그것으로 사용했다. 그 중에서 조금 깨끗한 것은 뜨거운 물에 푹 삶아서 행주로 사용했고 다른 것은 걸레로 사용하였다. 초등학교 시절엔 학교에서 청소용 걸레를 가져오라는 분부를 해서 가지고 간 일도 생각난다.

행주와 걸레는 둘 다 더러운 곳이나 물건을 닦는 일에 사용되지만 무엇을 닦고, 깨끗하게 하느냐 하는 용도는 각기 다르다. 행주는 그릇을 닦거나 주방이나 식탁 등을 닦는 데 사용된다. 그래서 행주가 놓이는 위치는 언제나 주방의 한구석이다. 그러나 걸레는 방바닥이나 마루 또는 창틀 같은 곳의 먼지를 닦고 훔치는 데 사용한다. 더러는 발을 씻고 수건으로 닦기 전에 밟고 나오는 용도로 사용되기도 한다. 그래서 걸레가 놓이는 장소는 언제나 방구석이나 목욕탕의 한쪽같이 눈에 잘 띄지 않는 곳이다. 꼭 필요한 것이면서 눈에 잘 띄지 않도록 감추어 두는 것이다. 어느 집이든 걸레와 행주가 없이 사는 집은 없다. 그만큼 우리가 사는 주변은 때가 많이 끼는 곳이다.

　이처럼 걸레나 행주는 닦고 훔쳐서 깨끗하게 하는 일을 하지만 금기 사항이 하나 있다. 걸레로는 절대로 식기나 식탁이나 주방을 닦지 않는다. 물론 행주로 마루나 방바닥을 닦지도 않는다. 주방이나 식탁은 먹는 일과 관련이 있기 때문이다. 사람들은 깨끗한 것을 원하지만 걷고 눕는 공간보다 먹는 일이 더 위생적이고 깨끗해야 한다는 것으로 알고 있는 것이다.

　그렇다면 행주는 걸레보다 대접을 조금 낫게 받고 있는지 모르겠다. 다 같이 헝겊으로 만들어져 사용되지만 한번 이름이 달리 붙으면 놓이는 위치와 대접이 이렇게 다르다. 그러나 따지고 보면 그 놓이는 위치라는 것이 무슨 의미가 있는가. 그 받는 대접이라는 것도 마찬가지다. 걸레가 행주 되지 못한 것을 아쉬워 할 필요 없고 행주가 걸레 되지 않는 것을 다행으로 여길 이유도 없다. 행주가 식기나 주방을 닦는 일을 한다고 우월감을 가질 필요도 없고 걸레가 방바닥이나 마루를 닦게 되었다고 위축 될 이유도 없다. 자기가 맡은 소임에 충실하면 존재 가치가 있는 것이다. 이미 용도가 폐기되어 버려질 것들이 그나마 무엇인가를 위해서 다시 사용된다는 것은 얼마나 감격스러운 일인가. 그것은 대접을 어떻게 받느냐의 문제가 아니다. 그것이 주변을 청결하게 하는 일이라면 어떤 일을 하든지 감사하면서 하면 된다. 그럼에도 오늘날에는 일의 가치보다는 그 일로 인해서 남들로부터 얻어지는 명예에 더 관심이 많고, 좀 더 나은 대접이 어디에 있는가 하여 두리번거리고 있다.

이 세상에는 닦아야 할 곳도 많고, 씻어내야 할 일도 많다. 먼지가 많고, 잡소리가 많고, 사회를 어지럽히는 글이나 공연 그리고 유언비어 같은 지저분한 쓰레기들이 많이 배출되기 때문이다. 닦고, 씻고, 태우고, 땅에 묻고, 양심에 호소하고, 법으로 제재해도 계속해서 불어나는 쓰레기 때문에 두통거리가 된다. 쓰레기와의 전쟁은 이미 오래전부터 시작되었다. 심산유곡에도 사람이 다녀가고 나면 쓰레기가 버려지고 사람이 사는 사회라면 어디든 지저분한 흔적들이 남아 있다. 씻어내고 닦아야 할 것들이 덕지덕지 붙어 있고 켜켜이 쌓여 간다.

우선은 쓰레기를 생산하는 일이 줄어들어야 하겠지만 이미 만들어진 흔적들을 지우고, 씻어내고, 닦아내는 사람이 많다면 세상이 얼마나 청결할까. 나도 그런 사람이 되고 싶다. 닦아내고 정화하는 일을 하면서 무슨 신분이 필요하고 어떤 대접받을 일을 생각하랴. 걸레의 일을 하면 어떻고 행주의 일을 하면 어떤가. 이미 씻고 닦는 일을 하기로 마음먹었다면 걸레가 되어도, 행주가 되어도 상관없다. 내가 있는 곳에서 지저분한 것들이 보이면 냉큼 달려가서 닦으면 되는 것이다. 방바닥을 깨끗이 닦아 언제든지 주저함 없이 육신을 눕힐 수 있고 그릇을 말끔하게 닦아 언제든지 꺼림칙하지 않게 음식을 담아 먹을 수 있으면 된다.

내가 아직도 이 세상에서 쓸모 있게 사용된다는 사실이 감사하다. 비록 더러운 것을 닦으면서 몸이 더럽혀질지라도 내 마음의 자부심과 자긍심만은 더럽히고 싶지 않다. 쓰고 써서 더 이상 걸레나 행주로도 쓸모가 없게 되었다고 할 때까지 씻고 닦다 보면 어느새 내 마음도 깔끔하게 닦여 있지 않겠는가.

나는 걸레다. 정년 은퇴를 한 후 나는 글을 쓰는 일을 한다. 자칫 어두워지고 무디어지는 사람들의 심령을 닦아 정서적으로 안정시키고 정화하는 일을 한다는 자부심을 가진 걸레다. 나는 이 걸레의 길을 사명으로 알고 만족한다. 행주처럼 조금 나은 자리가 없는가 두리번거리는 어리석은 자가 되고 싶지 않다. 행주가 되면 어떻고 걸레가 되면 어떠랴. 그저 더러운 곳을 닦으며 깨끗한 사회를 꿈꾸는 걸레로 남은 생애를 살고 싶다.

널뛰기

　음력 정월 초순이나 5월 단오, 8월 한가위 같은 큰 명절에 부녀자들 사이에서 즐기던 널뛰기놀이는, 추측하기로 고려 이전부터 전승되어 온 것으로 본다. 긴 널빤지 중간에 짚단이나 둘둘 만 가마니를 고여 놓고 두 사람이 각기 양쪽 끝에 올라가 서로 번갈아 위로 뛰어올랐다가 내리면서 발을 굴러 그 힘의 반동으로 상대방을 뛰게 하는 놀이다.

　옥에 갇힌 남편을 보기 위하여 널을 뛰면서 담장 너머로 남편의 얼굴을 엿본 것에서 유래되었다는 설도 있고, 부녀자들의 외출이 자유롭지 못했던 때에 담장 밖의 세상 풍경과 외간 남자를 몰래 보기 위해서 이 놀이를 이용했다는 설도 있지만 모두가 확실치는 않다.

　놀이는 일단 즐거워야 한다. 그런데 어떻게 내가 즐거울 수 있느냐로 구별을 한다면 세 종류로 나눌 수 있지 않을까 싶다. 첫째, 개인적인 놀이로 자기에게만 기쁨이 오는 놀이다. 가령 연날리기 같은 것이다. 창공에 연을 띄어놓고 줄로 조절하며 바라보노라면 자신의 마음도 둥실 떠 있는 기쁨이 있지 않은가. 그러나 그 기쁨은 자기에게만 오는 것이다. 두 사람이 같이 뛰기도 하지만 그네뛰기도 그렇고, 주로 사내아이들이 즐기는 놀이지만 팽이치기도 마찬가지다. 자기가 운동하여 자기만 기뻐하는 놀이들이다.

 같이 즐기는 놀이들이 있다. 그중 대부분은 상대방을 이겨야 하는 경쟁의 놀이들이다. 자치기, 제기차기, 구슬치기, 딱지치기, 윷놀이 등이 모두 상대방을 이기거나 상대방의 것을 따먹기 위해 경쟁하면서 즐기는 놀이다. 이는 어떤 면에서 내 이익과 기쁨을 위해 상대방에게 실패와 패배를 안겨주어 얻는 것이다. 놀이로 규정할 수 있는지 모르지만 만약 화투치기까지 놀이로 친다면 이는 아예 노름이 된다.

 가장 널리 알려지고 지금도 아마 가장 많이 즐기는 민속놀이라 한다면 윷놀이라 하지 않을까 싶다. 그런데 그 놀이는 어떤가. 쌍방이 서로 말 네 개씩을 놓고 교대로 윷을 던져서 먼저 최종점을 통과하면 이기도록 되어 있는 경쟁놀이다. 작고 둥근 통나무 두 개를 반으로 쪼개어 네 쪽으로 만든 윷을 던져 네 개가 모두 엎어지면 모라고 해서 다섯 밭을 가고, 네 개가 모두 누우면 윷이라 해서 네 밭을 가고, 세 개가 눕고 한 개가 엎어지면 걸이라 해서 세 밭을 가고, 각각 두 개가 엎어지고 누우면 개라 해서 두 밭을 가고, 세 개가 엎어지고 하나만 누우면 도라 해서 한 밭을 가도록 규정 되어 있다. 그런데 이기기 위해서는 빨리 달아나는 것도 중요하지만 뒤따라가면서 상대방의 말을 잡는 묘미도 있다. 남이 가 있는 자리에 내 말이 앉게 되면 상대방의 말을 잡고 보너스로 윷을 한 번 더 던질 수 있다. 결국 내가 이기기 위해서 상대방의 발목을 잡고 실패하게 만들어야 하는 것이다. 남을 뒤로 떨어뜨려 내가 앞장서야 하고, 내가 많이 차지해야 하고, 남의 것을 내 것으로 만들어야 승리하는 이런 놀이는 일종의 전쟁놀이고 욕심을 채우는 놀이들이다. 고누나 장기나 바둑도 마찬가지다.

그러나 서로 경쟁은 하지만 남을 높이고 기분 좋게 만들면서 나도 즐기는 놀이가 있다. 앞서 말한 널뛰기가 그렇다. 물론 이 놀이도 널빤지에서 먼저 떨어지면 지는 게임이기도 하다. 그러나 그렇게 이기는 것이 주목적은 아니다. 널뛰기는 서로 마주보며 어떻게 하면 상대방을 더 높이 띄울 수 있는가, 힘을 다하여 널판을 굴러야 한다. 상대방을 높이고 기쁘게 만들어 나도 기쁨을 얻는 놀이인 것이다. 우리가 추구해야 할 보편적 도덕정신이 들어 있는 놀이다. 남을 높이는 격려와 나의 겸손이 필요한 사회, 더불어 기쁘고 더불어 바르게 잘 사는 것이 진정한 행복이 아닌가 하여 이렇게 널뛰기놀이를 찬상하며 시를 써본다.

널뛰기

서로 마주보며 결의를 다지는 놀이
내가 굴러주면 네가 뛰어오르고
네가 굴러주면 내가 뛰어오르고
힘있게 굴러주면 더 높이 오르고
서로를 높이기 위한 경쟁
서로를 높이면서 기뻐하는 놀이
세상은 놀이터
우리 그렇게 살자

남도 여행

"집 나서면 고생이다." 여행하면서 한마디씩 하는 말이다. 여행 중에 있으면 자기 집안에서 지내는 것보다 아무래도 불편한 게 있기 마련이다. 그러나 세상에 고생 없이 얻어지는 게 무엇이던가. 안일한 생활에서 얻어지는 것이란 별로 없다. 고생은 되지만 고난 속에서 더 많은 교훈과 경험을 얻는 것이 우리네 인생이다. 특별히 여행이 고생이라면 그 고생은 사서라도 해야 한다.

나는 개인적인 여행은 별로 하지 못했다. 어려서는 낯선 세계에 대한 불안 때문에 못했고 나이들어서는 여유가 없어서 못했다. 그러나 어떤 단체의 일원으로 참가하는 여행은 그나마 조금 했다. 함께 다니면서 서로 대화하며 지내는 것은 아름다운 경치나 유서 깊은 사적을 관람하는 것과는 다른 어떤 의미가 있었다.

우리 내외는 이번에 노회老會가 주관하는 목회자 부부 수련회에 참여했다. 완도莞島에서 1박을 하고 그다음날 노화도蘆花島를 거쳐 보길도甫吉島를 관광하고, 그다음에 순천順天으로 올라와 마침 열리는 세계 정원 박람회를 구경한 다음 귀경하는 코스였다. 많이 걷지 않아도 되는 길이라서 점점 나이가 들어가는 우리로서는 만족할 수 있었고 음식이나 잠자리도 우리들 서민에게는 오히려 과분할 정도였다. 밤마다 열리는 세미나에서 목회자에게 유익한 교육을 받을 수 있었던 것도 좋았다. 나는 이번 여행에서 자연이 주는 아름다움, 다시 말하면 다도해 해상 국립공원으로 지정된 이 지역의 수려한 경관을 감상하는 것도 좋았지만, 이 지역사회에서 상징적으로 드러내는 두 인물을 만날 수 있었던 것은 큰 수확이었다.

완도에 들어가면 누구나 볼 수 있도록 동상 하나가 세워져 있다. 장보고張保皐 상像이다. 장보고(788-846)는 통일신라의 무장 출신으로 완도에 청해진을 세우고 1만여 명의 군대를 확보했으며 대사大使 관직을 가졌던 인물이다. 후대에 그를 가리켜 해상왕海上王이라 칭하는 것은 그가 당시 서남해 해상권을 장악하고 중국의 당나라와 일본을 비롯하여 남방 서역과 아랍의 여러 나라와 무역을 하여 많은 경제적 이익을 취하였기 때문이다.

우리나라의 영토는 삼면이 바다이며 대륙에 연결된 반도 국가이다. 남쪽에 섬나라 일본을 두고 있고 광대무변한 태평양을 바라보고 있다. 지정학적으로 볼 때 나라가 약하면 주변국의 각축장이 될 소지가 있지만 나라가 융성하면 대륙과 해양으로 뻗어나갈 수 있는 좋은 입지를 가진 곳이다. 우리는 한말韓末에 나라가 쇠약해져 일본과 중국, 러시아의 각축장이 되었던 경험을 가지고 있다. 그렇다면 우리가 우리 국토의 입지를 잘 활용할 때는 없었는가. 아마 반만년 역사를 살펴볼 때 장보고가 활약하던 시대가 아닌가 생각된다. 그는 참으로 위대한 인물이었다.

완도 화홍포 선착장에서 배를 타고 동천항을 통하여 노화도에 들어가면 연육교가 보길도로 연결되어 있다. 여기에 가면 윤선도(尹善道, 1587-1671)가 숨쉬고 있다. 윤선도는 정쟁에 휘말려 수년 동안 유배 생활을 하는 등 고초를 겪은 사람이다. 그가 병자호란 때 인조대왕이 청나라에 항복했다는 소식을 듣고 제주도로 향하다가 풍랑을 만나 피한 곳이 바로 이곳 보길도라는 것이다. 그는 풍랑 때문에 우연히 보길도를 만났지만 그곳의 아름다운 경관에 매료되어 그만 그곳에 머물게 되었다 한다. 그는 예술가가 아닌가. 송강松江이 가사문학歌辭文學의 대가라면 시조문학時調文學에서 고산孤山을 뛰어넘을 사람이 누구겠는가. 고산 윤선도는 이곳에 곡수당, 동천석실, 세연정 등 자연과 어울리는 건물들을 짓고 시끄러운 세상에서 조금 빗겨나 유유자적하며 오우가五友歌를 낳고 어부사시사漁父四時詞를 읊었다.

장보고나 윤선도는 파란만장한 생애를 살았다. 나는 이들의 생애를 파악하고자 하는 생각은 없다. 내 주관으로 조금 단순하게 언급한다면, 장보고가 경제를 위한 인물이라면 윤선도는 문화를 위한 인물이다. 물론 두 사람이 정치를 떠나 생각할 수 없는 환경을 가졌지만 오히려 이들은 정치의 피해자라 할 수도 있다. 차라리 그쪽은 접어두고 경제와 문화적 방향만 생각할 때 지금 우리에겐 이 두 사람이 필요하다. 경제가 없는 문화나 문화가 없는 경제는 둘 다 끔찍하기 때문이다. 배부름과 정신적 기쁨은 어느 한쪽을 소홀히 할 수 없는 소중한 요소다. 우리의 육신은 배고픔을 해결해 주어야 만족하지만, 사람은 떡으로만 사는 존재가 아니지 않은가. 이번 여행에서 나는 역사적 위대한 두 인물을 통하여 그 의미를 달리 생각할 수 있는 기회를 덤으로 얻을 수 있었다.

수자秀子

병아리가 병들면 양 날갯죽지를 올리고 한쪽에서 졸았다. 우리 어머니는 그런 모습을 우장을 입었다고 했다. 그 우장 입은 병아리는 얼마 가지 않아서 죽었다.

우장 입은 병아리 하면 수자秀子가 생각난다. 나보다 대여섯 살 아래일 터인데 내 사촌 누님의 딸이었다. 특별한 사고를 만나지 않았다면 지금도 실히 살아 있을 나이다. 그런데 나는 지금 그가 죽었는지 살았는지, 살았다면 어디서, 어떻게 사는지 전혀 모른다. 이렇게 되면 나도 어떻게 살았는지 모르겠다. 같은 하늘 아래서 어찌 그리 무정하게 살았을까.

지난밤에는 뜬금없이 그 수자가 생각나서 나는 거의 뜬눈으로 새웠다. 왜 갑자기 그동안 잊어버리고 살았던 그 애가 생각나 잠을 설치게 했을까. 어렸을 적에 같은 또래의 조카들이 있었지만 그들과 어울리지 못하고 마치 우장을 입은 병아리처럼 마루 한쪽에 혼자 앉아 있었던 아이. 나중에 안 일이지만 내 4촌 누님인 그의 어머니가 결혼을 했는데 남편이 6.25전쟁에 나가 전사를 했다고 했다. 딸 하나 낳아 놓고 전쟁에 나갔는데 그만 전사통지를 받았으니 누님은 얼마나 억울했을까. 그 모녀가 가끔씩 우리 집에 와서 며칠씩 머물다 갔다. 친정 작은아버지인 우리 아버지를 좋아하였고 우리 아버지는 그들을 살갑게 대해 주었기 때문이었을 것이었다. 사실 우리 아버지로서는 출가한 조카딸이 젊은 나이에 남편 잃고 딸 하나 데리고 사는 모습이 얼마나 애처로웠을까. 겉으로 표현은 안 해도 마음이 저렸을 것이다. 철몰랐던 나는 그런 사정도 모르고 그 누님을 미워하기도 했다. 때때로 나를 괴롭혔기 때문이었다. 가만히 있는 나에게 자주 장난을 걸어왔다. 머리를 손가락으로 톡 찌르고 모른 체하기도 하고 어느 땐 씨름을 걸어오기도 했다. 그럴 때마다 나는 씩씩대며 덤벼들었지만 힘으로 이길 수 없었다. 그때마다 깔깔대며 웃던 누님, 나는 그게 약이 올랐다. 그때는 왜 그걸 몰랐을까. 얼마나 외로웠으면 우리 집을 찾아왔으며 얼마나 착잡했으면 어린 나에게 장난을 걸고 깔깔거렸을까. 내가 괴로워하는 걸 보면서 누님은 기뻐하는 것이었다.

그 이후 10년은 됐을 것 같다. 한동안 보이지 않던 누님이 개가를 했노라며 새로운 남편과 함께 찾아왔다. 새 남편, 그러니까 내 4촌 매부는 과수원을 한다던가, 내가 보기에 꽤 멋쟁이였다. 키도 헌칠하고 인상이 부드러워 보였다. 우리 부모님이 꼭 한번 오시라는 초청을 받고 찾아갔더니 땅에 떨어진 것은 아무리 성하고 굵어도 절대로 먹지 말고 나무에 달려 있는 것만 따 잡수시라고 하더란다. 매부는 배 과수원을 하고 있었다. 그게 언젯적 일인가. 과일이 풍족하지 못하던 시절인데 그렇게 풍족하더라고 다녀오신 아버지께서 흡족해하셨다. 성품도 서글서글한 것이 마치 즙 많은 배 같아서 이제는 걱정할 것 없어 보인다고 했다. 제 가족은 충분히 위해 줄 위인 같더라고 안도하는 표정이었다.

그런데 이게 어찌된 일인가. 몇 년 지나지 않아서 그 매부가 갑자기 세상을 떠났다고 했다. 아버지의 다른 조카사위들과 함께 와서 무턱대고 닭장에 들어가 우리가 키우는 닭 모가지를 비틀어 잡아먹고 가던 그 부드러운 인상의 매부가 죽었다고 했다. 가족들은 내 누님을 보고 참 복도 되게 못 타고 났다고 했다. 이제 살 만해졌는데 이게 웬 청천벽력이냐고 누님의 팔자에 대해서 가슴 아파했다. 그런데 누님의 불행은 그것으로 끝나지 않았다. 몇 해 더 살지 못하고 본인인 누님도 돌아가셨다. 무슨 암인가 하는 몹쓸병에 걸려 죽었다고 했다. 그리고 누님과 우리와의 모든 인연은 끊어졌다. 누님의 외딸이었던 수자와도 자기 큰아버지 댁으로 들어갔다는 풍문은 있었지만 그 후 소식이 끊어졌다.

마루 끝에 우장 입은 병아리처럼 앉아 있던 그 수자는 어떻게 되었을까. 전쟁으로 아버지 잃고 개가한 어머니 따라 갔다가 새 아버지도, 어머니도 잃은 수자는 그동안 어떻게 살았을까. 살아는 있는 걸까. 사람의 앞날은 모르는 것이니 살았다면 억척스럽게 살아남았을 수도 있었을 것이다. 좋은 신랑 만나 자식들 낳고 지금은 노년을 즐기고 있을지 모른다. 그런데 나도 무심했지, 그동안 죽 잊고 살다가 이제 와서 왜 뜬금없이 그 아이를 생각하는가. 해도 쓸데없는 생각으로 밤잠을 설치다니 이것도 내가 늙었다는 증거다. 앞날을 바라보기보다 지난날을 뒤돌아보는 시간이 많아지면 늙어가는 징조라 하지 않던가. 그게 어찌 되었든 수자는 어떻게 되었을까. 아직도 내 뇌리에는 우장 입은 병아리 같은 소녀로만 남아 있는 그가 궁금하다. 이를 어떻게 알아본다?

여동생이 떠나던 날

나와 다섯 살 터울인 여동생이 떠났다. 조반을 마치고 잠시 쉬는 시간에 조카로부터 전화가 왔다. 엄마가 119구급차 편으로 병원에 실려 갔는데 위독하다는 것이었다. 어제 저녁나절에 공원 산책길에서 서로 안부를 물으며 전화 통화를 했는데 그렇게 멀쩡하게 대화를 나누었던 동생이 병원에 실려가다니, 믿기지 않으면서 불안이 엄습했다. 주섬주섬 간단한 채비를 하고 고향으로 가는 버스를 탔다. 설마 생명을 잃는 일은 일어나지 않을 것이라는 한 가닥 실오라기 같은 희망을 붙들었다. 아직 세상을 떠나기에는 나이가 어리지 않은가.

그런데 시내를 벗어날 즈음에 다시 조카로부터 전화가 왔다. 엄마가 운명했다는 것이다. 장마철이라 우중충한 하늘에서 주룩주룩 비가 내려 초록 세상을 더욱 빛나고 선명하게 씻어내고 있었다. 초록 색깔이 슬픔을 자아내게 한다는 사실을 나는 처음 알았다. 두 시간을 훌쩍 넘겨 병원에 당도하니 이미 시신은 영안실로 옮겨졌고 재빠르게 빈소가 마련되어 있었다. 잔잔한 미소를 머금은 동생의 사진이 앞에 놓여 있다. 이때를 위해서 사람들은 미리 영정사진을 찍어 보관하고 '청천벽력'이니 '만감이 교차된다'는 말을 만들어 두었으리라.

기가 막힐 일을 갑자기 당하면 말이 나오지 않는다. 눈물도 나오지 않는다. 잔잔한 미소 띤 얼굴이 도리어 화를 치밀게 한다. "자네가 왜 거기에 있어. 지금 거기는 자네가 있을 자리가 아냐." 마치 산 사람에게 하듯 정답게 말을 걸었지만 내 음성은 초라했고 동생은 평시와 달리 내 말을 무시하고 있었다. 이제는 음성으로 말하지 말고 마음으로 하자는 듯이.

지난해 봄이었다. 정년 은퇴를 하고 이태쯤 지나니 느닷없이 권태감이 밀려왔다. 멀리 떨어져 살지만 평소 흉허물 없이 지내는 동생이 생각나서 전화를 걸었다. 저간의 사정을 나누고 좀 쉬고 싶다고 했더니 당장 내려오라고 했다. 그래서 주저 없이 내려갔다. 반갑게 맞아주는 동생과 나는 보름 어간을 지냈다. 나는 거기서 지금은 안 계시는 어머니를 만났다. 어쩌면 그렇게 내 어머니를 닮았을까. 전에 느끼지 못했던 체격이나 얼굴 모습도, 알뜰하게 사는 모습도 동생은 어머니의 축소판이었다. 마음 씀씀이도, 다정한 성품도, 음식 솜씨까지도 닮은꼴이었다.

모처럼 우리 오누이는 황혼녘에 손을 잡고 인근 공원을 산책했다. 우리가 태어나 자란 고향이 멀지 않아서 함께 부모님 묘소도 참배하고 우리가 자랐던 마을과 집도 차를 타고 둘러보았다. 강산이 여러 번 바뀐 고향을 돌며 어찌 감회가 없었으랴. 살면서 겪은 즐거웠던 일은 물론이지만 가난이나 아픔까지도 모두 잊을 수 없는 고향 추억이 아닌가.

동생을 보내놓고 생각하니 아쉬운 점만 떠오른다. 동생은 12년 전 남편과 사별했다. 아들, 딸은 대처에서 직장생활을 하기 때문에 제 어머니를 그리워하면서도 공휴일 아니면 만나기가 어렵다. 그러하니 그런 세월을 혼자 보내야 하는 동생의 마음은 어땠을까. 그러면서도 내색하지 않고 나를 섬겨주었던 동생. 그 안타까움을 나는 집으로 돌아와서 이렇게 써 둔 바 있다.

누이동생의 잠

누이동생이 새우잠을 자고 있다
오라버니 노릇도 제대로 못한 내게
오라버니 대접을 한다고
훌쩍 고희를 넘긴 나이에 제 침대 내게 주고
자신은 거실에 자리를 펴고 잔다

저 잠이 포근할까
남편을 먼저 떠나보낸 저 가슴엔 무엇이 남았을까
외로움을 요로 깔고
허전함을 이불 삼아 덮었으니
밤마다 뒤척이다 잠든 날이 벌써 얼마인가
그리워해도 잡히지 않는 환영을 끌어안은
저 구부러진 잠이여

누이동생의 새우잠에 안개가 내린다
쓸쓸함이 덮인다
떠난 사람과의 달착지근했던 추억의 위로마저 없다면

어떻게 오뉴월에도 파고드는 냉기를 견딜 수 있었으랴
베개를 베었는지, 끌어안았는지
숨소리만 가냘프다

동생아, 사모함으로 견디어내자
평안의 잠옷을 입고 바르게 누워 자자
한잠 푹 자고 나면 새벽이 오듯
그날도 다가오리니
사모하는 사람들이 맞을 환희의 날은 언제일까

　나는 3일 동안의 장례를 마칠 때까지 빈소에서 기거했다. 차디찬 시신이지만 동생 곁을 떠날 수가 없었다. 유골을 먼저 간 남편 곁에 매장하고 유족으로 남긴 가족들과 동생의 집으로 돌아오니 옛모습 그대로지만 한 사람이 없으니 텅 빈 듯 허전하다. 병원으로 실려가던 때에 쓰던 성경 필사 공책이 펼쳐져 있다. 한치 앞도 모르고 다시 돌아와서 이어 쓰려던 하나님 말씀. 그 계획은 포기해야 했지만 그 마음을 성경의 주인공은 알았으리라. 그리고 그 은혜로우신 분은 동생이 외로운 중에도 항상 그리워하던 나라로 인도해 주셨으리라.

　사랑하는 내 어머니 같았던 동생아. 이제 이 땅의 고독과 아픔, 다 잊고 안식하거라.

수유리 水踰里

나는 지금 행정구역상 서울시 강북구 수유동에서 산다. 그러나 나는 수유동이라는 이름보다는 수유리라는 이름이 더 좋다. 그래서 누가 어디 사느냐고 물으면 수유동이라 하지 않는다. 수유리라고 대답한다. 그게 순수하게 느껴지고 정이 간다.

본래 수유리는 경기도 고양군 숭인면에 소속되어 있었는데 서울이 확장되면서 성북구에 편입되었었다. 이는 내가 역사적 기록을 보고 아는 사실이다. 그런데 성북구가 더욱 확장되면서 수유동은 도봉구가 새로 만들어져 그곳에 소속되었다. 이후 도봉구가 확장되어 동편으로 노원구로 분리되고 북쪽으로 의정부 방향으로 뻗어 나가면서 그곳에 도봉구 이름을 주고 당시 도봉구 지역에는 강북구라는 신설 구가 생기게 되었다. 그래서 지금은 강북구 수유동으로 지역과 지명이 안착되었다. 이를 정리하면 경기도 고양군 수유리가 서울 성북구 수유동이 되고 다시 도봉구 수유동이 되었다가 이제는 강북구 수유동이 되었다는 뜻이다. 앞으로 어떻게 또 변할지는 모르는 일이지만 지금까지 지역과 지명은 그대로 있었는데 행정구역이 그렇게 자주 바뀐 것이다. 경기도 고양군 수유리는 기록으로나 아는 이야기이지만 그 이후 변천 과정은 내가 직접 겪으면서 살았으니 내가 이곳에 와서 산 기간도 결코 짧지 않았다. 그 짧지 않았다는 것은 변화가 많았다는 의미도 될 것이다.

반백년을 넘게 이곳에서 살았다. 그러니 내 나이도 대부분 여기서 먹었고 여기서 인생의 황금기를 보낸 셈이다. 여기서 자식 낳아 기르며 어려운 시절도 지냈으니 어찌 이곳에 애정이 없겠는가. 여기는 나와 내 가정의 희로애락이 점철된 곳이다. 지금은 가로명으로 주소가 바뀜으로써 내가 사는 곳은 강북구 삼각산로가 되었다. 가까이에 삼각산이 있어서 그렇게 붙여진 것이다. 다 아시는 바지만 사실 삼각산도 삼각산이라는 산이 따로 있는 게 아니다. 북한산의 한 부분을 이곳에서는 그렇게 부르고 있다. 삼각산이란 이름은 김상헌이 청나라로 압송되어 가면서 읊었다는 "가노라, 삼각산아. 다시 보자 한강수야/고국산천을 떠나고자 하랴마는/시절이 하 수상하니 올동말동하여라."는 시조 때문에 더 기억하고픈 이름이 되었다. 산꼭대기에 인수봉, 만경대, 백운대의 세 봉우리가 뿔처럼 솟아 있기 때문에 붙여졌다고 한다.

나의 제2의 고향이라 할 수 있는 수유리. 주위의 북한산이 국립공원으로 지정되어서 자연적인 아름다움을 보존하기 위해 고도제한 같은 규제가 따르고 고층건물이 들어설 수 없었다. 그래서 그런지 모르지만 서울의 여러 구區 단위에서 재정 자립도가 가장 낮은 지역 중의 하나로 알고 있다. 그래서 돈을 우선으로 하는 사람들의 관점에서 보면 속된 표현으로 가장 후진 동네라고 한다. 그러나 예전에는 우이동 골짜기가 도시민의 휴식 장소요, 유락지로 각광을 받을 때도 있었다. 아니다. 지금도 삼각산을 끼고 있는 수유리는 아름답다. 4계절의 풍광이 제구실을 하는 아름다운 곳이다. 과연 어떤 곳이 좋은 동네인가. 좋은 조건이 있으면 그렇지 않은 점도 따르기 마련이다.

    나는 지금 아파트에서 살고 있다. 삼각산을 늘 바라볼 수 있는 곳에서 삼각산을 후원으로 삼고 산다. 본래 이 자리는 가난한 사람들이 모여 살던 일명 개미골목이란 이름이 붙어 있었던 곳이다. 가오리加五里다. 집들이 닥지닥지 붙어 있고 좁은 길이 얽혀 있어서 한번 들어가면 빠져 나오기조차 어렵다고 하는 곳이었는데 개발해서 아파트촌을 만든 것이다. 주변에 장미원이란 이름이 붙은 곳이 있는데 왜 그런 이름이 붙었는가, 지금은 아는 사람이 얼마나 있을지 모르겠다. 사실은 그곳에 꽤 넓은 장미를 가꾸던 꽃밭이 있었다. 지금은 흔적도 없다. 주택이 들어섰다. 가로에 장미나무를 몇 그루 심어놓았다는 것이 흔적이라면 흔적이다. 옛말에 10년이면 강산도 변한다고 했는데 이 변화무쌍한 세상에서 변한 것이 어디 하나둘이겠는가.

    나는 현직에서 정년 은퇴하여 많은 시간을 자유롭게 보내게 되었다. 바쁘다는 핑계로 산을 옆에 두고도 찾지 못했는데 이제는 시간이 나면 산을 찾는다. 4.19국립묘지 뒤로 올라가면 잘 조성된 북한산 둘레길이 있다. 체력의 한계를 느껴 높이 올라갈 필요는 느끼지 않는다. 둘레길을 조금만 걸으면 우이동 종점에 이르기 전에 솔밭공원으로 내려오는 길이 있다. 그야말로 소나무로 구성된 공원이다. 하늘을 가리는 적송이 오랜 세월 제멋대로 자라서 운치도 있다. 솔향기가 정신을 맑게 하는 곳에서 잠시 쉰다는 것은 축복이다. 이 나이에 다른 곳으로 이사할 일도 없을 것 같고 최종적으로 여기서 살다 하늘나라로 이사할 것 같다.

쉬고, 글 읽고 쓰면서 찾아오는 사람 있으면 만나며 산다는데 어디면 어떤가. 삼각산 밑이면 아늑하지 않은가. 나에게는 호사다. 김상헌은 "가노라, 삼각산아." 하고 읊었는데 졸문이지만 나는 이렇게 써 본다.

수유리

삼각산 바라보며
솔밭공원 거닐며
수유리 고향 삼고 붙박이로 살았더니
인생사 누린 세월에
애틋함만 고였네

장미원 지나가면
사일구 국립묘원
영령들 잠든 곳에 새소리도 숙연하네
우이동 골짝 어디메에
머물러선 그리움

가난했던 가오리
개미골목 헐어헤쳐
조성된 아파트촌 삼각산을 가리우네
여기서 내 삶의 궤적
내려놓아도 좋으리